민수기 적용과 실천

변화를 만드는 성경 4
민수기 적용과 실천

초판 1쇄 인쇄 2025년 1월 20일
초판 1쇄 발행 2025년 1월 25일

지 은 이 | 김완섭
펴 낸 이 | 오복희

펴 낸 곳 | 도서출판 개혁과회복
등록번호 | 제2018-000044호
등록일자 | 2018년 4월 12일
주   소 | 서울특별시 송파구 마천로 100 C동 402호(오금동)
편 집 부 | 010-6214-1361
관 리 부 | 010-8339-1192
팩   스 | 02-3402-1112
이 메 일 | newvisionk@hanmail.net

디 자 인 | 참디자인

ISBN 979-11-89787-55-4 (04230)
      979-11-89787-51-6 (세트)

JMDC 경건훈련도서

민수기
적용과 실천

김완섭 지음

변화를 만드는 성경 4

도서출판
개혁과회복

변화를 만드는 성경

『변화를 만드는 성경』 시리즈는 성경개론, 묵상, 설교자료, 삶에 적용, 실천, 변화까지 만들어주는 경건훈련을 겸한 성경안내서입니다. 어떻게 그것이 가능할까요? 모든 초점을 오로지 변화에만 맞추면 그렇게 될 수 있습니다. 개론적인 부분도 적용과 변화가 가능한 정도까지를 종합하여 제시합니다. 묵상은 좀 더 근본적인 접근방법으로 인하여 하나님 중심적인 시각으로 자신과 세상을 바라볼 수 있게 만들어줍니다. 현실적으로 활용이 가능한 설교의 자료들을 풍부하게 제공합니다. 구약이든 신약이든 제자로서의 삶을 이끌어줄 수 있도록 적용하는 일에 초점을 맞춥니다. 결국 『변화를 만드는 성경』 시리즈를 창세기부터 꾸준하게 읽고 적용하다가 보면 자신도 모르는 사이에 시각이 바뀌고 삶이 서서히 변화되어 그리스도의 제자로서의 영성을 얻게 될 것입니다. 마치 새로운 성경을 보는 것 같은 생각도 들 것입니다.

성경을 대하는 방법은 여러 가지가 있지만 그 모든 것을 종합하면 성경을 읽거나 묵상하거나 공부하는 목적은 적용과 실천이라고할 수 있습니다. 물론 신학적인 입장에 따라 다양한 해석이 나오는 것은 사실이지만 말씀의 흐름과 목표의 범위를 크게 벗어나서는 안 될 것입니다. 본 시리즈의 목적은 그런 말씀의 원리를 어떻게 실제 삶 속에 적용하고 실천할 것인가에 대한 고민으로부터 출발했습니다. 그런 고민을 안고 기획하고 집필하다가 이런 형태의 안내서가 완성되었던 것입니다.

신앙은 삶과 유리될 수 없습니다. 삶에서 떨어져서 신앙 자체만을 고수하려고 하는 순간 우리는 말씀의 본질을 잃어버리게 될 것입니다. 물론 한시적으로 현실을 벗어나서 영성에 집중할 수는 있겠지만, 기본적으로 삶에 뿌리를 두어야 진정한 영성이 이루어질 수 있습니다. 그런데 많은 경우에 말씀을 삶에 적용하는 데 어려움을 느끼고 있습니다. 그것은 교회 안에서만 머무르려고 하는 시도와 깊이 연결되어 있습니다. 어떻게 참다운 신앙을 세상 속에서 살릴 것인가에 대해서 낯설어하는 것이 오늘날의 현실입니다. 이 책은 그런 면에서 하나의 모델이 될 수 있을 것입니다.

『변화를 만드는 성경』 시리즈는 성경 전체를 총 32권에 나누어서 날마다 한 장씩 성경을 읽고 묵상하고 적용하면서 은혜를 받고 변화될 수 있도록 기획된 특별한 목적의 책들입니다. 현실적인 신앙생활에 적용이 가능하도록 해설한 족집게 식 개론과 다른 시각으로 생각하도록 기획한 묵상과 실천적인 문제제시로 이루어진 이 책을 사용한다면 평이한 성경통독이나 묵상을 대체할 수 있는 뛰어난 안내가 될 수 있고, 하나님의 말씀의 귀한 양식을 취할 뿐만 아니라 소화까지 완벽하게 이루어냄으로써 날마다 하나님을 새롭게 만나게 되며 나날이 신앙이 성장해가는 경험을 할 수 있을 것입니다.

이 책은 교회 안에서 소그룹으로 활동하게 만들어도 교회에 많은 변화가 올 것입니다. 성경묵상이나 공부가 아니라 실천서이기 때문입니다. 매일 성경 한 장 속에 두세 가지 적용과 실천사항이

제공되는데 매일 감당하지 못하면 한 주에 한두 가지만 실천을 시도해도 자연스럽게 큰 변화가 올 것입니다. 다만 소그룹으로 진행할 때에는 반드시 성도들 스스로 해당되는 부분을 미리 온전하게 준비해야만 그 효용성이 나타날 것입니다. 자신이 소화하지 못한 말씀은 아무리 그럴 듯하게 감동적으로 들더라도 거의 자기 것이 되지 못합니다. 신앙지식적인 면에서도 당연하지만 변화라는 측면에서는 오히려 그 변화를 훼방하게 될 뿐입니다. 자신이 소유한 것을 지체들과 나눔으로써 그 말씀이 객관화될 수 있고 온전하게 신앙의식 속으로 녹아들어갈 수 있을 것입니다.

다만 『변화를 만드는 성경』 시리즈는 주석이나 연구서가 아닙니다. 깊이 있는 신학적인 요구사항을 가지고 본다면 만족하기 어려울 것입니다. 적용 대상은 기본적으로 일반 성도들입니다. 그렇다고 목회자나 설교자에게 도움이 되지 않는 것은 아닙니다. 순수하게 신앙이라는 관점에서 작성한 내용들이기 때문입니다. 따라서 목회자라고 할지라도 마음을 열고 이 책을 진지하게 독파해나간다면 주님께서 더욱 기뻐하시는 제자로서의 삶을 살 수 있게 될 것입니다.

『변화를 만드는 성경』을 잘 활용하려면

무슨 교육이나 훈련이든지 간에 활용방식에 따라 엄청난 차이가 나타납니다. 똑같은 훈련이라도 접근방식과 훈련방식에 따라 큰 차이가 있습니다. 전혀 효과적이지 않을 수도 있고 너무나도 크게 변화될 수도 있습니다. 다음과 같은 방식을 그대로 따라간다면 반드시 놀라운 변화를 경험하게 될 것입니다.

1. 이 책을 대하기 전에 반드시 성경의 해당본문을 먼저 정독할 것을 권합니다. 원본인 성경의 내용을 파악하기 위해서입니다.
2. 이 책의 각 단원의 본문 개론, 본문 구성, 본문 적용까지를 읽습니다. 이 책에서 제시하는 구체적인 방향을 알기 위해서입니다.
3. 그 다음에 성경본문을 다시 한 번 정독합니다. 이제 이 책의 방향이 더 뚜렷해지고 묵상과 적용을 위한 준비가 됩니다.
4. 지금부터 이 책의 각 소제목의 내용을 읽고 묵상하고 적용해나갑니다. 소제목은 2~3가지가 제시되는데 각 소제목들의 해당부분을 충분히 소화합니다.
5. 마지막으로 종합적으로 '하나님의 마음', '오늘 받은 은혜', '실천을 위한 도전'을 진행합니다.
6. '실천을 위한 도전' 부분은 반드시 먼저 성령님께 간구하여 깨닫게 해달라는 기도 후에 깊이 묵상하시기 바랍니다. 질문만으로는 자신의 신앙현실을 깨닫기가 쉽지 않기 때문입니다.

마지막으로 꼭 당부하고 싶은 것은 기존에 가지고 있는 생각을 다 내려놓기를 바랍니다. 비현실적인 내용을 현실적으로 적용하려면 선입견을 버려야 하기 때문입니다. 신앙이 자라지 못하는 이유는 고정관념 때문인 경우가 많습니다. 열린 마음, 긍정적이고 변화를 소망하는 마음으로 이 책을 진행해나감으로써 신앙의식이 변화되어 생각이 바뀌고 언어와 행동과 삶이 변화되는 모든 분들이 되시기를 간절히 바랍니다. 이 책을 사용하는 모든 분들을 축복합니다.

차 례

변화를 만드는 성경   5

민수기 개관   12

01 | 제1차 인구조사(민수기 1:1~54)   18

02 | 진을 치는 이스라엘(민수기 2:1~34)   25

03 | 제사장들과 레위인들(민 3:1~51)   32

04 | 이동할 때의 레위인의 책무(민수기 4:1~49)   39

05 | 진영 내의 정결함(민수기 5:1~31)   46

06 | 나실인의 서약(민수기 6:1~27)   53

07 | 제단의 봉헌(민수기 7:1~89)   60

08 | 레위인의 헌신(민수기 8:1~26)   67

09 | 유월절과 구름기둥·불기둥(민수기 9:1~23)   74

10 | 시내 광야를 떠남(민수기 10:1~36)   81

11 | 불평하는 이스라엘 백성(민수기 11:1~35)   88

12 | 미리암과 아론의 모세 비방(민수기 12:1~16)   95

13 | 가나안 정탐의 실패(민수기 13:1~14:10)   102

14 | 다시 광야로(민수기 14:11~45)   111

15 | 제물, 죄, 옷에 다는 술(민수기 15:1~41)   118

16 | 고라 자손의 반역의 결과(민수기 16:1~50)   125

17 | 아론의 싹 난 지팡이(민수기 17:1~13)   132

18 | 제사장과 레위인의 직무(민수기 18:1~32)   139

19 | 정결하게 하는 잿물(민수기 19:1~22)   146

20 | 원망과 모세의 불순종(민수기 20:1~29)   153

21 | 요단강 동쪽 지역 점령(민수기 21:1~35)   161

22 | 발락과 발람(민수기 22:1~41)   168

23 | 발람의 이스라엘 축복(민수기 23:1~30)   175

24 | 발람의 야곱의 별 예언 (민수기 24:1~25)   182

25 | 이방인과의 음행 심판(민수기 25:1~18)   189

26 | 제2차 인구조사(민수기 26:1~65)   196

27 | 이스라엘 계승의 문제(민수기 27:1~23)   203

28 | 이스라엘 백성의 제사들(민수기 28:1~31)   210

29 | 7월에 지키는 절기들(민수기 29:1~40)   217

30 | 여자의 서원 규례(민수기 30:1~16)   224

31 | 미디안의 패배(민수기 31:1~54)   231

32 | 요단 동편의 땅(민수기 32:1~42)   238

33 | 약속의 땅으로 가는 여정(민수기 33:1~56)   245

34 | 가나안 땅의 분배(민수기 34:1~29)   252

35 | 레위의 성읍과 도피성 제도(민수기 35:1~34)   259

36 | 지파를 존속하라. (민수기 36:1~13)   266

적용과 실천을 위한
민수기

민수기 개관

Numbers

개요, 저자, 연대

　민수기는 시내산을 출발하는 제2년 2월 20일부터 모압 광야에 도착할 때까지의 38년간의 광야 여정을 그리고 있습니다. 특히 두 번의 인구조사를 기준으로 양분하고 있는데, 1차 인구조사(1~4장) 는 1세대 이스라엘이 광야여정을 거의 마칠 때까지의 과정이 목적 이었고, 1세대가 다 죽고 가나안에 들어갈 2세대의 가나안 땅 분 배를 위하여 행해진 2차 인구조사(제26장)는 앞으로 가나안 땅에 들 어가서 행해야 할 규범들을 포함하고 있습니다. 발람의 기사는 이 두 부분을 연결해주는 역할을 하고 있습니다.

　민수기(民數記)란 문자 그대로 '백성들의 수'라는 뜻으로, 여러 가 지 이름들이 붙여졌는데 '광야에서', '셈하는 오경', '셈하는 책' 등 의 명칭들에서 비롯된 이름들입니다. 전통적으로 모세오경의 저자 는 모세 자신이라고 알려져 있습니다. 모세에게 명하신 하나님의 음성이나 지시를 정확하고 자세하게 기록할 수 있는 인물은 모세 밖에는 없기 때문입니다. 민수기 전체에 걸쳐 여호와께서 모세에 게 명하셨다는 구절이 지속적으로 나오고 있습니다. 그리고 민수 기 33:2에서 분명하게 모세가 기록하였다고 나와 있습니다. 민수기도 다른 모세오경과 마찬가지로 출애굽에서부터 모세가 최후를 맞이하는 느보산에 이르기까지의 기간 중에 기록되었는데, 민수기는 출애굽 제40년의 모압 광야에 이르기까지의 역사를 기록했다는 점에서 기록연대로는 B.C.1405~1406년의 어느 시점이라고 볼 수 있을 것입니다.

전체 내용

제1부 광야 길을 위한 준비(구세대에 대한 명령)

1. 제1차 인구조사	1장	인구조사
	2장	진영 배정
	3·4장	레위인의 조사와 직무
2. 이스라엘의 성결	5장	부정에서의 성별
	6장	나실인의 서원
	7장	열두 족장의 예물
	8장	레위인의 성결과 직무
	9장	첫 유월절

제2부 과도기(구세대의 종말)

1. 가데스 바네아로 진행	10장	시내산 출발
	11장	백성들의 불평
	12장	지도층의 불화
	13장	정탐꾼 보고
	14장	백성을 심판하심
2. 의식법의 추가와 반역	15장	의식법의 추가
	16장	고라의 반역

	17장	아론의 싹 난 지팡이
	18장	레위인의 책무와 보상
	19장	암송아지의 재
3. 모압으로의 진행	20장	한 시대의 종말
	21장	전투의 시작, 불뱀 사건
	22장	발람과 발락
	23장	발람의 이스라엘 축복
	24장	발람의 마지막 신탁
	25장	바알브올 음란 사건

제3부 가나안 정복을 위한 신세대

1. 제2차 인구조사	26장	인구조사와 땅 분배
	27장	여호수아
2. 서원의 규례	28장	희생제물
	29장	절기 규례
	30장	서원에 대한 규례
3. 가나안 정복과 분배	31장	미디안 정복
	32장	요단 동편 분배
	33장	광야여행일지
	34장	요단 서편 분배
	35장	레위인의 성읍들
	36장	상속의 문제

적용과 실천을 위하여

민수기는 다른 오경과 달리 가장 장기간의 여정이 기록되어 있습니다. 무려 38년의 기록입니다. 이스라엘 백성들은 거역과 불신을 반복적으로 보여 왔습니다. 그럼에도 하나님은 결국에는 이스라엘로 하여금 가나안 땅까지 인도하셨습니다. 모든 것은 하나님의 은혜와 사랑이었습니다. 하지만 민수기의 기록 목적 중 하나인 백성들에 대한 교훈을 우리는 심각하게 받을 수 있어야 합니다. 연구에 따라 차이가 있지만 애굽에서 가나안까지는 걸어서 40일이면 충분하다고 합니다. 그런데 그런 광야 길을 무려 40년 동안이나 헤매게 하신 것은 무엇을 뜻하겠습니까?

이런 일들은 4,000여 년 전에 먼 나라에서 일어났던 역사적인 기록이 아니라 오늘 우리들에게도 날마다 일어나는 일들이라는 사실을 알아야 합니다. 그리고 다른 교회나 목회자나 성도들에게만 일어나는 일이 아니라 바로 지금 나에게 일어날 수 있는 일들이라는 것입니다. 이 책의 집필 의도는 지금 나에게 어떻게 적용하고 실천할 수 있는가입니다. 왜냐하면 성경은 실천의 책이기 때문입니다. 따라서 우리가 민수기를 읽을 때에는 우리 자신이 민수기의 현장에 들어가 있어야 합니다. 우리가 모세가 되고 우리가 여호수아가 되지만 우리가 고라 자손이 될 수 있고 우리가 발람이 될 수 있는 것입니다. 물론 우리가 똑같은 상황에 처할 수 있는 것은 아닙니다. 그러나 원리적으로 동일한 상황에서 똑같은 결정을 얼마든지 내릴 수 있습니다.

결과적으로 40년이 걸려서 가나안에 도착한 사람들은 누구였습니다. 출애굽 당시 20세 이상이었던 사람들 중에는 여호수아와 갈렙만이 가나안 정복에 참여했고 나머지는 전부 광야에서 죽었습니다. 무엇 때문에요? 불신과 원망과 우상숭배의 결과입니다. 이스라엘 백성들은 하나님의 엄청난 은혜와 사랑 가운데 출애굽하여 젖과 꿀이 흐르는 가나안 땅을 차지할 수 있었지만, 그들 자신의 불신으로 인하여 광야에서 다 죽고 말았습니다. 오늘날 가나안 정복은 물질적이고 세상적인 성공과 번영이 아닙니다. 오히려 가나안 땅과는 비교할 수 없을 정도로 완전한 저 천국입니다. 왜냐하면 세상적인 의미의 가나안 땅은 예수님께서 전부 다 성취하셨기 때문입니다.

이제 우리는 민수기로 들어갑니다. 광야로 돌아가는 것입니다. 우리는 지금 영적인 광야에 놓여있습니다. 하나님께서 이스라엘 백성들에게 분명히 가르쳐주시고 인도하셨지만 그들은 다른 길로 가고 말았습니다. 그래서 우리가 민수기를 읽어야 하는 것입니다. 매일매일 광야에서 백성들을 인도하셨던 하나님께서 우리를 매일매일 인도하고 계십니다. 다른 길로 가지 말고 오직 하나님의 인도하심을 따라갈 수 있기를 바랍니다. 세상에서 가장 복된 여러분이 되실 것입니다.

본문 개론

본장은 시내산에서 출발하여 가나안 땅 건너편 모압에 이르기까지의 과정을 기록한 책입니다. 민수기의 첫 장인 본장에서는 시내산에서의 출발 직전, 곧 출애굽 제2년 2월 1일에 20세 이상의 장정들을 계수하는 장면입니다. 이렇게 하는 목적은 광야생활의 효율적인 관리와 가나안 정복을 위한 하나님의 군대 편성이라는 두 가지 목표를 달성하기 위한 것입니다. 20세 이상이 되어야 전투를 수행할 수 있기 때문입니다. 실제로 레위인들은 이 장정에 편성되지 않았습니다. 그들은 무기가 아니라 하나님의 도우심을 위해 영적 전쟁을 치르는 사람들이었습니다. 하나님의 일에도 운영과 관리가 필요합니다.

본문 구성

인구조사의 명령을 받다.　　　　　　　　　(1~3)
인구조사의 책임자들을 부르다.　　　　　　　(4~17)
인구조사를 시행하다.　　　　　　　　　　(18~19)
각 지파의 수효를 밝히다.　　　　　　　　(20~43)

인구 총계를 기록하다.   (44~46)

레위 지파의 사명   (47~54)

<u>본문 적용</u>

우리는 본장을 읽으면서 우리 자신의 위치에 대해서 생각할 수
있어야 하겠습니다. 출애굽한 이스라엘 백성들이 군사가 되어 싸
워야 하듯이 우리 그리스도인들도 악한 마귀와 영적 싸움을 싸워
야 하는 사람들임은 틀림이 없습니다. 이스라엘의 군사는 레위 지
파를 제외한 20세 이상의 남자였습니다. 여기에서 중요한 질문을
던집니다. 우리는 과연 20세 이상의 남자에 속하겠습니까? 정말로
우리 자신과 그리스도의 나라를 위하여 싸울 만하다고 여겨집니
까? 우리는 모두가 영적으로 20세 이상의 성인에 속하겠습니까?
안타깝게도 오늘날의 성도들은 영적 군사가 되기에는 너무나도 부
족하고 연약하기만 합니다. 영적 전쟁터에 내보낼 수는 있을 것입
니다만, 그러나 나가면 영적으로 너무 어려서 번번이 패하기만 할
것입니다. 그렇다면 싸울 필요조차도 없습니다. 인구조사에 속하
는 존재들인가를 깊이 생각하면 좋겠습니다.

❶ 싸움에 나갈 만한 모든 자

핵심구절 : "너희는 이스라엘 자손의 모든 회중 각 남자의 수를 그들의 종족과
조상의 가문에 따라 그 명수대로 계수할지니 이스라엘 중 이십 세 이상으로 싸
움에 나갈 만한 모든 자를 너와 아론은 그 진영별로 계수하되 각 지파의 각 조
상의 가문의 우두머리 한 사람씩을 너희와 함께 하게 하라"(민 1:2~4)

이제 출애굽 둘째 해가 시작된 지 한 달이 지났습니다. 그 동안 백성들에게는 십계명이 주어졌고 각종 제사법과 사회법이 공표되었으며 적어도 광야에서 지내는 동안에 지켜야 할 모든 기본적인 규례들이 빠짐없이 제공되었습니다. 그렇게 잘 조직화된 백성들이 이제는 군사가 되어 광야에서 마주칠 수 있는 모든 대적들과 전투를 벌여야 합니다. 이들에게 예외는 없습니다. 살아남고 승리해서 가나안 땅으로 들어가려면 필수적으로 싸워야 합니다. 무조건 20세 이상입니다. 예외가 있다면 20세 이하와 레위인들 뿐입니다. 아무튼 누군가 쳐들어온다면 반드시 나가서 싸워야 하고 보초를 서기도 해야 하며 야생동물들의 공격이나 자연재해가 있다면 나가서 해결해야 합니다. 무엇을 위해서요? 가나안 땅이요? 그건 나중 이야기입니다. 이들은 오직 자신이 살아남고 가족들을 보호하기 위한 생존의 싸움을 싸우는 사람들입니다. 만약에 싸우기 싫다면요? 그러면 죽는 것입니다. 그러니까 이들은 죽지 않기 위해서 싸우는 것입니다. 그리스도인들도 그렇습니다.

그리스도인들은 누구나 싸우는 사람들입니다. 자신과의 싸움과 사탄을 대적하는 싸움과 세상의 흐름을 거슬러 올라가는 싸움입니다. 싸우지 않으면 어떻게 되겠습니까? 자신과의 싸움과 사탄을 대적하는 싸움과 세상을 거슬러 올라가는 싸움에서 모두 패하게 됩니다. 결국 그 사람은 세상 사람과 똑같아지는 것입니다. 아니, 아예 세상 사람이 되어버리는 것입니다. 세상 사람들이 세상과 싸울 리가 있습니까? 세상과 싸우는 것이 아니라 어떻게 하면 세상에서 더 잘 나갈까를 궁리하는 사람들이 세상 사람입니다. 그런데 그리스도인이라면서 세상과 싸울 생각은 하지 않고 세상 속에서 잘 되고 성공하고 번영하는 것을 목표로 하는 삶을 산다면 그는 그리스도인으로서 이미 죽은 영혼입니다. 내주하시는 성령님께서 아무 것도 하실 수가 없는 심령입니다. 그리스도인의 중요한 정체성 중의 하나가 바로 싸우는 사람입니다. 사람들과 이익을 가지고 다투라는 말이 아니라 그런 문제로 '다투지 않기 위해서' 싸우는 사람입니다. 우리는 광야의 이스라엘 백성들입니다.

"믿음의 선한 싸움을 싸우라 영생을 취하라 이를 위하여 네가 부르심을 받았고 많은 증인 앞에서 선한 증언을 하였도다"(딤전 6:12)

적용하기 : 당신은 지금 무엇과 싸우고 있습니까? 당신 자신과의 싸움, 마귀의 통치를 대항하는 싸움, 세상의 육적 원리를 거슬러 올라가는 싸움 중 무엇을 잘 하고 있습니까?

❷ 우리가 이스라엘 나라이다.

핵심구절 : "너는 레위 지파만은 계수하지 말며 그들을 이스라엘 자손 계수 중에 넣지 말고 그들에게 증거의 성막과 그 모든 기구와 그 모든 부속품을 관리하게 하라 그들은 그 성막과 그 모든 기구를 운반하며 거기서 봉사하며 성막 주위에 진을 칠지며 성막을 운반할 때에는 레위인이 그것을 걷고 성막을 세울 때에는 레위인이 그것을 세울 것이요 외인이 가까이 오면 죽일지며 이스라엘 자손은 막사를 치되 그 진영별로 각각 그 진영과 군기 곁에 칠 것이나 레위인은 증거의 성막 사방에 진을 쳐서 이스라엘 자손의 회중에게 진노가 임하지 않게 할 것이라 레위인은 증거의 성막에 대한 책임을 지킬지니라 하셨음이라" (민 1:49~53)

레위인들은 전투에 나가지 말고 오직 성막관리에만 전념하도록 했습니다. 적어도 하나님을 섬기는 일에는 중단이 있을 수 없기 때문입니다. 이것은 광야에서의 싸움이 단순한 민족 간의 싸움이 아니라 하나님의 전쟁임을 말하고 있는 것입니다. 왜냐하면 다른 지파가 싸우는 동안 레위지파는 하나님을 섬기는 영적 싸움을 해야 하기 때문입니다. 무기가 탁월하다거나 숫자가 많거나 훈련이 잘 되어 있는 등의 외적인 조건이 아무리 훌륭해도 광야에서의 싸움은 하나님의 개입 없이는 승리할 수 없습니다. 왜냐하면 이스라엘 백성들은 군대로서의 훈련과 조직이 터무니없이 부족하기 때문입니다. 여기까지 진행한 것도 전부 하나님의 전적인 은혜였습니다. 이제 출애굽한 지 1년 조금 더 되었을 뿐입니다. 그 동안 군사훈련이 아니라 성막을 세우고 규례를 정하고 실생활에 부딪히면서 살 수밖에 없었기 때문입니다. 그래서 레위인들이 영적 싸움을 함께 싸워주지 않으면 이스라엘은 번번이 패할 수밖에 없는 것입니다. 그리스도인들의 삶도 이와 똑같습니다.

그런데 우리가 착각하지 말아야 할 것은 광야시대에 레위인들이 영적 업무를 전담한 것과 오늘날의 상황은 무관하다는 것입니다. 보통 레위인들과 제사장들의 업무를 오늘날 목회자나 사역자들이 전담하는 것으로 생각할 것입니다. 하지만 구약시대의 종교적인 요구사항은 이미 그리스도로 인하여 전부 다 성취되었습니다. 그 말은 우리 그리스도인들은 한 사람 한 사람이 교회이고 구약의 이스라엘과 같은 의미를 지닌다는 것입니다. 구약의 이스라엘 나라가 오늘날에는 성도 한 사람 한 사람이 되었다는 말입니다. 한 사람이 육적인 싸움도 싸워야 하고 영적인 싸움도 싸워야 한다는 말입니다. 아니, 영적 싸움이 곧 육적 싸움으로 나타나게 되어 있습니다. 영적으로 강하면 세상에서도 이길 수 있습니다.

"자기의 육체를 위하여 심는 자는 육체로부터 썩어질 것을 거두고 성령을 위하여 심는 자는 성령으로부터 영생을 거두리라"(갈 6:8)

적용하기 : 당신의 영적 싸움은 얼마나 세상과의 싸움과 직결되어 있습니까? 그런 현상을 경험하면서 살고 있습니까?

하나님의 마음 :

하나님은 백성들로 하여금 믿음으로 광야생활에서 승리하여 가나안 땅으로 들어가게 하시는 것이 목적입니다. 당신의 신앙생활은 광야생활과 얼마나 닮아 있습니까?

오늘 받은 은혜 :

전체적으로 당신이 받은 은혜와 느낌을 기록해보십시오.

실천을 위한 도전 : (기도하여 성령님의 인도하심을 받으십시오.)

실제 삶에서의 싸움과 관련하여 한 가지, 레위인의 직무와 같은 영적 싸움과 관련하여 작은 것이라도 한 가지 실천할 사항을 생각해내고 그대로 실천하시기 바랍니다.

02
진을 치는 이스라엘
민수기 2:1~34

본문 개론

각 지파마다 책임자를 정하고 인구를 조사하게 하신 하나님은 이제 각 진을 짜고 진행순서나 조직 등을 지시하십니다. 모든 진영은 반드시 성막을 중심으로 사방에 위치하게 하되, 평소의 생활구역이나 행진 방향을 따라 4개의 진영으로 나누어주십니다. 그것은 삶 전체를 하나님 중심으로 할 것을 말씀하시는 것입니다. 이 진영은 하나님의 특별하신 계획을 알려주는데 주로 혈통을 따라 조직하여 불필요한 마찰을 피하게 해 주십니다. 예를 들어 동쪽 진영은 유다, 잇사갈, 스불론으로 모두 레아의 아들입니다. 하나님은 창조와 질서의 하나님이십니다. 가장 효과적으로 진영을 명하시고 동행하시는 분이십니다.

본문 구성

성막 중심으로 진을 배치하라.   (1~2)
동쪽에는 유다 진영을 배치하라.   (3~9)
남쪽에는 르우벤 진영을 배치하라.   (10~16)
중앙에는 회막과 레위가 자리하라.   (17)

서쪽에는 에브라임 진영을 배치하라.　　　　　(18~24)

북쪽에는 단 진영을 배치하라.　　　　　　　(25~31)

하나님의 지시대로 이행하다.　　　　　　　(32~34)

본문 적용

　　본장에서부터는 성막이 모든 지파의 한가운데에 위치하게 됩니다. 이스라엘이 행진을 할 때이든 진을 치고 있을 때이든 또는 전쟁을 할 때이든 항상 이런 형태가 유지되어야만 했습니다. 백성들의 눈에는 하나님의 가시적인 임재를 항상 확인할 수 있게 하셨던 것입니다. 그리고 진을 치게 하시는 것은 하나님의 임재를 가족과 지파 안에서 항상 발견하게 하는 것입니다. 우선은 중심에 계시는 하나님과의 관계를 형성하고 또 진에 함께 거하는 지파와의 관계로 스스로의 위치를 확인할 수 있게 한 것입니다. 우리의 신앙은 하나님과의 관계와 이웃과의 관계 속에 형성되어 있습니다. 오늘날에는 물론 이스라엘 백성들처럼 눈에 보이는 성막 주변에 진을 치고 있는 것은 아닙니다. 그러나 원리적으로는 똑같습니다. 우리의 중심에는 언제나 그리스도 예수님께서 성령님으로 인하여 거하고 계십니다. 그리고 그 예수님의 시각과 관점으로 이웃을 바라보고 그 속에서 사랑과 용서의 관계를 맺어야 합니다. 백성들 속으로 들어가야 합니다.

❶ 실패한 이스라엘을 본받지 말라.

핵심구절 : "이스라엘 자손은 각각 자기의 진영의 군기와 자기의 조상의 가문의 기호 곁에 진을 치되 회막을 향하여 사방으로 치라 동방 해 돋는 쪽에 진 칠 자는 그 진영별로 유다의 진영의 군기에 속한 자라 유다 자손의 지휘관은 암미나답의 아들 나손이요 … 남쪽에는 르우벤 군대 진영의 군기가 있을 것이라 르우벤 자손의 지휘관은 스데울의 아들 엘리술이요 … 그 다음에 회막이 레위인의 진영과 함께 모든 진영의 중앙에 있어 행진하되 그들의 진 친 순서대로 각 사람은 자기의 위치에서 자기들의 기를 따라 앞으로 행진할지니라"(민 2:2~3, 10, 17)

하나님은 이스라엘 백성들의 생활과 행진과 때로 벌어지는 전투 등 모든 것을 하나님의 성막 중심으로 하라고 명하셨습니다. 광야생활은 하나님 없이는 결코 승리할 수 없기 때문에 하나님께서 임재하시는 성막을 중심으로 하지 않으면 여지없이 실패할 뿐만 아니라 가나안 근처에도 가지 못하게 됩니다. 결과적으로는 이 때 군대에 편성된 모든 백성들은 여호수아와 갈렙을 제외하고는 가나안에 들어가지 못하고 말았습니다만, 하나님은 우리의 신앙생활의 원리를 그대로 설명하고 계시는 것입니다. 이때의 성막중심 진영 배치를 당연히 하나님 중심으로 살아야 하는 원리를 말한다고 하지만, 그래서 이것을 오늘날 교회중심의 신앙생활로 연결하여 설명하지만, 이스라엘의 결말을 보면 그것을 그대로 받아들이기 어렵게 만듭니다.

물론 교회중심적으로 신앙생활을 해야 한다는 것을 틀림이 없는 말이지만, 그것은 물리적, 시간적, 육체적으로 교회를 중심으로 살아야 한다는 말과는 차이가 있다는 사실을 알아야 합니다. 성막중심으로 40여년을 살았던 이스라엘 백성들의 실패를 보면서 우리는 하나님 중심이라는 말의 본질을 다시 한 번 깨우쳐야 합니다. 교회중심으로 살아야 하는 것은 우리 성도들의 삶의 원리를 그리스도 중심적으로 하기 위한 기본적인 구조를 말하는 것이지 교회에 예속되거나 묶여있는 상태를 말하는 것은 아닙니다. 교회에서 예배 등 여러 가지 예식들을 통하여 하나님으로부터 세상을 이길 힘과 능력을 얻으면 그 다음에는 세상에 나가서 그리스도의 사랑과 희생으로 승리하면서 살라는 말입니다. 이스라엘이 성막 중심으로 살았으면서도 삶의 현장에서 오히려 우상을 숭배하고 하나님을 배반하는 모습을 보인 것을 생각해야 합니다. 교회를 중심으로 해야 하는 것은 맞지만 우리 속에 그리스도께서 계시도록 우리를 비우고 버리는 것이 바로 하나님 중심적 삶인 것입니다.

"예수를 죽은 자 가운데서 살리신 이의 영이 너희 안에 거하시면 그리스도 예수를 죽은 자 가운데서 살리신 이가 너희 안에 거하시는 그의 영으로 말미암아 너희 죽을 몸도 살리시리라"(롬 8:11)

적용하기 : 민수기는 백성들의 불순종의 책입니다. 성막을 중심으로 살았으면서도 말입니다. 당신은 무엇을 중심으로 삽니까? 교회 중심? 아니면 예수님 중심? 혹시 회사 중심은 아닌가요?

❷ 진영 별로 나누라.

핵심구절 : "동방 해 돋는 쪽에 진 칠 자는 그 진영별로 유다의 진영의 군기에 속한 자라 유다 자손의 지휘관은 암미나답의 아들 나손이요 … 남쪽에는 르우벤 군대 진영의 군기가 있을 것이라 르우벤 자손의 지휘관은 스데울의 아들 엘리술이요 … 그 다음에 회막이 레위인의 진영과 함께 모든 진영의 중앙에 있어 행진하되 그들의 진 친 순서대로 각 사람은 자기의 위치에서 자기들의 기를 따라 앞으로 행진할지니라 서쪽에는 에브라임의 군대의 진영의 군기가 있을 것이라 에브라임 자손의 지휘관은 암미훗의 아들 엘리사마요 … 북쪽에는 단 군대 진영의 군기가 있을 것이라 단 자손의 지휘관은 암미삿대의 아들 아히에셀이요"(민 2:3, 10, 17~18, 25)

진영의 구조는 전적으로 하나님의 지시였습니다. 각 족속들의 숫자와 인과관계, 혈육관계까지 다 고려하여 진영을 배분하셨습니다. 광야생활은 하나님 중심으로 할 때 승리할 수 있지만 그러나 가장 효과적인 인간의 조직도 반드시 필요합니다. 그 조직만을 의지한다면 큰 문제가 되지만 하나님의 뜻을 따라가기 위한 의도라면 그것은 지혜가 됩니다. 흔히 사람이 많아지고 세력이 형성되면 그 조직만으로 운영하게 되기 쉽지만 그러나 거기에 하나님의 능력이 함께 하지 못한다면 그것은 그냥 헛껍데기가 될 뿐입니다. 더구나 교회는 그래서는 안 되겠습니다. 가장 숫자가 많고 지도력이 있는 유다가 동쪽 진영(186,400명)을 맡아서 앞으로 헤쳐 나가게 되고, 가장 숫자가 적은 서쪽의 에브라임 진영(108,100명)이 맨 뒤를 맡아서 진행하게 됩니다.

그뿐 아니라 모계의 혈통에 따라 배치하게 하셨는데, 맨 앞에 레아의 아들들인 유다와 잇사갈, 스불론 지파를, 맨 뒤에 라헬의 후예들인 베냐민과 요셉의 두 아들 에브라임과 므낫세를 배치하여 조금이라도 마음의 불편함으로 말미암아 분열될 것을 금하기도 하셨습니다. 그리고 북쪽에는 레아와 라헬의 몸종인 실바와 빌하의 아들 단, 아셀, 납달리 지파를, 남쪽에는 레아의 아들 르우벤과 시므온을 동쪽으로 하고 그 몸종 실바의 아들 갓 지파를 서쪽에 배치하셨습니다. 하나님께서도 이런 인간의 약점을 잘 알고 계셨으며 이런 모든 상세한 사정들을 취합하여 진영을 배치하셨던 것입니다. 마치 천국에 가면 열두 대문이 각 방향으로 세 개씩 있는 것과 닮아있습니다. 새 예루살렘 성은 광야의 이스라엘 진영과도 같은 모습인 것입니다. 이 땅이 지금 천국은 아니지만 우리도 교회나 기관에서 가장 적절한 위치에 있는 것이 가장 이상적인 모습일 것입니다.

"그에게서 온 몸이 각 마디를 통하여 도움을 받음으로 연결되고 결합되어 각 지체의 분량대로 역사하여 그 몸을 자라게 하며 사랑 안에서 스스로 세우느니라"(엡 4:16)

적용하기 : 당신은 교회에서 어떤 직분, 무슨 일을 감당하고 있습니까? 가장 적합한 위치에 서 있습니까? 만약에 합당하지 못하다고 생각하면 어떤 일을 하기를 원합니까?

하나님의 마음 :

하나님의 마음은 진영의 배치를 통하여 곧바로 가나안으로 들어가는 것이었습니다. 그런데 오늘날에도 그것을 가로막고 실패하게 만드는 이유는 무엇이겠습니까?

오늘 받은 은혜 :

전체적으로 당신이 받은 은혜와 느낌을 기록해보십시오.

실천을 위한 도전 : (기도하여 성령님의 인도하심을 받으십시오.)

순전히 하나님의 관점으로 당신을 보았을 때 작은 것이라도 불순종한 적이 있었습니까? (누구나 많이 있습니다.) 불순종한 것 한 가지만 돌이켜 다시 순종해보십시오.

제사장들과 레위인들

민수기 3:1~51

본문 개론

원래 이스라엘의 처음 난 사람은 전부 하나님의 것입니다. 그렇게 하나님께 바쳐져야 할 사람들 대신 레위인들을 받으셨습니다. 그래서 레위인들은 전부 하나님의 소유입니다. 오늘 본문에는 레위인의 숫자보다 처음 태어난 자가 273명이 더 많았습니다. 그 273명의 부족한 레위인 대신에 한 사람 당 5세겔씩을 속전으로 바치라고 하셨습니다. 레위인이 이스라엘 한가운데에서 성막과 함께 진행한다는 것은 하나님께서 애굽에서 행하신 구원의 일들과 이스라엘이 하나님의 것이라는 사실을 눈으로 보고 믿게 만드는 증거입니다. 하나님은 그렇게 구별된 레위인들이 제사장 아론과 아들들을 돕도록 하셨습니다. 성소에는 제사장들 밖에는 들어갈 수 없었기 때문입니다. 하나님은 레위인들로 하여금 성소기구들을 담당하게 하셨습니다.

본문 구성

아론의 아들들에 대한 소개   (1~4)
레위 사람들은 제사장을 도우라.   (5~13)

1개월 이상 레위인 인구를 조사하라.   (14~17)

게르손 자손의 수와 사역   (18~26)

고핫 자손의 수와 사역   (27~32)

므라리 자손의 수와 사역   (33~39)

갓 태어난 아기를 레위 자손으로 돌리라.   (40~51)

본문 적용

　　대제사장 아론의 직무는 곧 그리스도를 상징합니다. 이스라엘 백성들의 온 회중은 신약시대의 교회를 상징합니다. 따라서 레위 지파의 사역은 위로 하나님을 섬기고 아래로 교회의 덕을 세우고 성도들을 지도하는 사역자들을 상징한다고 볼 수 있습니다. 그러나 이런 해석은 복음적 적용에 무리가 있습니다. 그리스도께서 우리를 대신하여 큰 고난을 받으시고 우리를 구원하셨기 때문에 온 세계 전체가 교회라고 할 수 있고, 그렇다면 구약의 레위인들이 신약의 우리 성도들이라고 할 수 있을 것입니다. 모든 그리스도인들은 모든 불신자들과 하나님 사이를 중재하는 역할을 하고 있는 것입니다. 우리는 모두가 그리스도의 소유입니다. 작은 예수입니다.

❶ 성막 기구는 무엇인가?

핵심구절 : "레위 지파는 나아가 제사장 아론 앞에 서서 그에게 시종하게 하라 그들이 회막 앞에서 아론의 직무와 온 회중의 직무를 위하여 회막에서 시무하되 곧 회막의 모든 기구를 맡아 지키며 이스라엘 자손의 직무를 위하여 성막에서 시무할지니 너는 레위인을 아론과 그의 아들들에게 맡기라 그들은 이스라

엘 자손 중에서 아론에게 온전히 맡겨진 자들이니라"(민 3:6~9)

레위 지파 중에서 게르손 자손은 성막 서쪽에 위치하여 주로 성막의 덮개와 휘장문과 다른 휘장문과 그 끈을 맡게 하셨고, 고핫 자손은 성막 남쪽에 진을 치고 주로 성소 안의 증거궤와 상과 등잔대와 제단들과 기구들을 맡기셨으며, 므라리 자손은 성막 북쪽에 진을 치고 주로 성막 널판과 기둥과 받침과 뜰의 기둥과 부속 기구들을 맡기셨습니다. 그리고 성막 동쪽 곧 진행하는 선두 쪽에는 모세와 아론과 아들들이 모든 제사를 집전하도록 했습니다. 마치 무엇과 같습니까? 결국 게르손 자손은 성막의 덮개와 출입문과 같고 고핫 자손은 성소 안의 모든 기구와 같고 므라리 자손은 뼈대와 기둥의 모습과 같다는 것입니다. 하나님의 소유인 레위인들에게도 각각 맡겨진 바 중심사역이 주어져 있는 것입니다.

오늘날 이것을 꼭 교회의 모든 부서나 직책을 뜻하는 것으로만 보아서는 곤란합니다. 물론 그것이 필요가 없다거나 중요하지 않다는 말이 아닙니다. 조직도 꼭 필요하고 직책도 꼭 필요합니다. 다만 이제는 그렇게 눈에 보이는 형식으로서의 신앙이 아니라 눈에 보이지 않는 조직과 직책으로서의 삶으로 주어져야 한다는 말입니다. 그것은 구약 시대의 제사와 관련된 내용들의 폭이 훨씬 넓어져서 그리스도인들의 삶의 현장 구석구석에서 세세하게 그런 역할들이 이루어져야 한다는 말입니다. 교회 안의 사역에서 벗어나서 세상으로 향해 나가지 않으면 그리스도의 복음은 더 확장될 수 없습니다. 하나님께서는 온 세상의 모든 영혼들을 사랑하셔서 예수님을 우리에게 보내셨습니다. 그래서 예수님은 교회 안에만 계신 분이 결코 아니고 온 세상을 사랑하시는 분이시고 그렇기 때문에 우리는 레위인의 사명으로 세상에 나가야 하는 것입니다.

"하나님의 사랑이 우리에게 이렇게 나타난 바 되었으니 하나님이 자기의 독생자를 세상에 보내심은 그로 말미암아 우리를 살리려 하심이라"(요일 4:9)

> **적용하기** : 당신에게는 게르손, 고핫, 므라리 자손들의 직무 중에서 어떤 일이 맞는다고 생각합니까? 중심조직이나 본질이나 주변 협력업무 등을 이야기하는 것입니다.

❷ 우리는 하나님의 것

핵심구절 : "이스라엘 자손 중 모든 처음 태어난 자 대신에 레위인을 취하고 또 그들의 가축 대신에 레위인의 가축을 취하라 레위인은 내 것이라 나는 여호와니라 이스라엘 자손의 처음 태어난 자가 레위인보다 이백칠십삼 명이 더 많은즉 속전으로 한 사람에 다섯 세겔씩 받되 성소의 세겔로 받으라 한 세겔은 이십 게라니라 그 더한 자의 속전을 아론과 그의 아들들에게 줄 것이니라" (민 3:45~48)

그리스도인들 중에 자신을 하나님의 것으로 실제로 생각하는 사람은 얼마나 될까요? 오히려 하나님이 자기를 위하여 존재하거나 아니면 하나님을 언제나 자기편으로 생각하는 사람들이 훨씬 더 많을 것입니다. 물론 말로는 전혀 그렇지 않습니다만, 평소에 문제를 해결하거나 목표를 이루어나가는 방식을 보면 하나님이 자기편이라는 생각을 가지고 있거나 아니면 하나님을 자기편으로 끌어들이기 위해 모든 노력을 기울이는 모습을 많이 보게 됩니다. 본문에 보면 이스라엘 백성들의 모든 처음 태어난 남자는 누구나 하나님의 소유라고 하십니다. 하나님의 소유라는 말은 하나님의 일에 쓰임 받아야 하는 사람들이라는 말입니다. 하지만 현실적으로는 모든 가정의 첫 아들을 성막과 하나님의 일에 봉사하게 하기에는 무리가 많이 생길 수 있습니다 가정마다 상황이 천차만별이기 때문입니다. 그래서 하나님은 그 첫 아들 대신에 레위인들이 그 일을 감당하도록 만드신 것입니다. 그리고 첫 아들이 레위인들보다 더 많으므로 남은 장자들은 속전으로 다섯 세겔씩을 납부하도록 한 것입니다.

그렇다면 이 일은 신약시대의 어떤 점과 같겠습니까? 레위인들은 이스라엘의 모든 처음 난 자들을 대리하여 하나님의 것이 되어 하나님의 일을 전담하게 되었습니다. 예수님도 우리를 대신하여 희생되심으로써 인간의 구원사역을 대신하셨습니다. 우리 그리스도인들의 역할과 기능이 바로 예수 그리스도의 기능과 같은 원리인 것입니다. 그래서 우리 그리스도인들은 또 어떻게 되어야 합니까? 우리는 예수님을 대신하여 이 세상에서 레위인의 역할과 기능을 감당해야 하는 사람들입니다. 그리스도께서 우리를 대신하여 고난을 당하셨다면 우리는 불신자들을 대신하여 희생되는 삶을 살아야 합니다. 기독교신앙은 우리가 잘 되고 성공하기 위해서 세상을 사는 것이 결코 아닙니다. 우리는 예수님과 사람 사이에 서서 그들을 복음으로 인도하는 사람들입니다. 그래서 우리 모두는 하나님의 소유인 것입니다.

"그러나 너희는 택하신 족속이요 왕 같은 제사장들이요 거룩한 나라요 그의 소유가 된 백성이니 이는 너희를 어두운 데서 불러내어 그의 기이한 빛에 들어가게 하신 이의 아름다운 덕을 선포하게 하려 하심이라"(벧전 2:9)

적용하기 : 당신은 하나님의 소유 된 백성으로서의 의식을 얼마나 가지고 살고 있습니까? 당신을 위하여 하나님을 믿습니까, 하나님의 소유로서의 신앙생활을 하고 있습니까?

하나님의 마음 :

하나님은 그리스도를 통하여 우리를 영원한 하나님의 소유로서 함께 하시기를 원하십니다. 당신에게 하나님의 소유로서 가장 부족한 점은 무엇입니까? 어떻게 고치겠습니까?

오늘 받은 은혜 :

전체적으로 당신이 받은 은혜와 느낌을 기록해보십시오.

실천을 위한 도전 : (기도하여 성령님의 인도하심을 받으십시오.)

레위인의 정체성, 역할과 기능, 존재의 가치 등과 관련하여 당신에게 부족한 점이 있다면 한 가지만 발견하여 고쳐보십시오.

이동할 때의 레위인의 책무

민수기 4:1~49

본문 개론

3장에서 이스라엘의 첫 태생을 대신하여 레위인을 선택하셨고 그 인구를 조사하게 하신 하나님께서 본장에서는 30세에서 50세까지의 남자의 인구를 조사하라고 명하심으로써 수시로 이동해야 했던 광야생활에 필요한 직임을 명하십니다. 30~50세의 레위 사람을 조사한 것은 성막을 이동해야 하는 책임을 지우기 위해서인데, 고핫 자손과 게르손 자손과 므라리 자손들이 맡아야 할 성막기구들에 대해서 상세하게 기술하고 있습니다. 그렇게 책무를 내리신 후에 비로소 그 책임을 맡을 레위인의 인구를 조사하여 기록하게 합니다. 그들의 책임은 머물러있을 때의 그것과 같지만 이동할 때의 행동요령까지 상세하게 지시하고 있는 것입니다. 이때는 아직 광야생활중이기 때문에 후에 성전이 세워졌을 때의 그것과 차이가 있을 수도 있습니다.

본문 구성

이동할 때의 고핫 자손들의 임무 (1~20)
이동할 때의 게르손 자손들의 임무 (21~28)

이동할 때의 므라리 자손들의 임무   (29~33)

30~50세의 레위 자손의 인구조사   (34~49)

본문 적용

누구든지 머물러 있을 때가 있으면 움직여 나갈 때가 있습니다. 그래서 하나님은 구름기둥과 불기둥으로 그것을 알려주시는 것입니다. 레위인의 사명도 마찬가지입니다. 성막을 중심으로 머물러 있을 때와 움직일 때 맡아야 할 역할이 달라지는 것입니다. 물론 그들이 책임지는 기구들은 동일합니다. 그러나 그것을 움직일 때에는 또 다른 원리가 적용되어야 하는 것입니다. 오늘날 교회는 머물러있는 곳으로 표현할 수 있고 움직이는 것은 세상으로 나가서 그리스도인으로서 사는 것을 말합니다. 그리스도인 한 사람 한 사람도 마찬가지입니다. 교회와 가정에서 예배드리고 가족들과 함께 있는 것은 머물러 있는 것이고 직장이나 사업장 등은 불신이웃들을 향해서 움직이는 것입니다. 성도가 교회를 중심으로 신앙생활을 하는 것은 마땅히 그래야 하지만 그러나 아무리 교회생활이 재미있고 보람되어도 계속 머물러있는 것은 결코 유익이 되지 못합니다. 구름기둥이 떠올랐는데도 계속 교회 안에만 있는 것이 오늘날의 신앙의 모습입니다. 교회는 세상 속에서 그리스도인으로서, 제자로서 살 수 있도록 훈련하고 파송하는 곳이어야 합니다.

❶ 덮개가 필요합니다.

핵심구절 : "진영이 전진할 때에 아론과 그의 아들들이 들어가서 칸 막는 휘장

을 걷어 증거궤를 덮고 그 위를 해달의 가죽으로 덮고 그 위에 순청색 보자기를 덮은 후에 그 채를 꿰고 … 홍색 보자기를 그 위에 펴고 그것을 해달의 가죽 덮개로 덮은 후에 그 채를 꿰고 청색 보자기를 취하여 등잔대와 등잔들과 불 집게들과 불똥 그릇들과 그 쓰는 바 모든 기름 그릇을 덮고 … 금제단 위에 청색 보자기를 펴고 해달의 가죽 덮개로 덮고 그 채를 꿰고 성소에서 봉사하는 데에 쓰는 모든 기구를 취하여 청색 보자기에 싸서 해달의 가죽 덮개로 덮어 메는 틀 위에 두고"(민 4:5~6, 8~9, 11~12)

오늘날에는 하나님의 이름을 너무 편하고 쉽게 말하지만 이스라엘에서는 하나님의 거룩하심을 훼손하는 일을 가장 두렵게 생각했었습니다. 그들에게는 하나님께서 지정하신 거룩한 성물을 운반하는 책무를 맡은 고핫 자손이라 할지라도 직접 보거나 만지면 죽게 된다고 할 정도로 하나님께 대한 거룩한 경외심을 가지고 있었습니다. 대제사장 아론과 두 아들 제사장들 외에는 성소와 지성소의 거룩한 성물을 만지지도 못하고 보지도 못하게 하셨습니다. 그렇기 때문에 성소의 모든 기물들은 청색, 자색, 홍색 천을 펴거나 덮고 그 위를 해달의 가죽 덮개로 덮은 다음에 채로 꿰어서 운반할 수 있도록 하는 것까지가 아론과 아들들의 직무였습니다. 그러니까 고핫 자손은 다만 그 채를 양쪽에서 어깨에 메고 이동하는 것이었습니다. 만약에 그 이상을 손으로 만지거나 눈으로 보면 죽음을 면치 못했던 것입니다.

오늘날 어떻게 하는 것이 하나님을 경외하는 것이고 성막을 이동할 덮개로 덮는 것은 무엇에 비유할 수 있을까요? 우리는 하나님을 너무 안일하게 대합니다. 말하자면 하나님을 하나님으로 대접해드리지 못하고 있다는 말입니다. 십계명의 제2계명은 "여호와의 이름을 망령되이 부르지 말라"는 것입니다. 이 말씀을 단지 여호와의 이름 자체에 대한 것으로만 생각한다면 그것은 큰 오해입니다. 하나님을 믿는다면서 하나님을 욕되게 하거나 오해하게 만드는 일은 여호와의 이름을 더 크게 망령되이 부르는 것이라는 사실을 알아야 합니다. 이스라엘 백성들은 분명히 직접적으로 하나님의 이름을 망령되이 부르거나 성막 기구들을 운반할 때 덮개를 덮지 않는 일은 하지 않았을 것입니다. 그러나 그들은 행동과 삶으로 여호와의 이름을 망령되이 불렀고 성막덮개를 벗겨내는 일을 함으로써 광야에서 멸망하고 말았습니다. 우리는 세상에 나서기 전에 먼저 하나님 앞에 서 있다는 의식을 가져야 합니다. 사람 앞에서도 헛된 말을 하지 않습니다. 삶의 모든 부분에서 하나님을 두려워할 줄 알아야 합니다.

"그런즉 사랑하는 자들아 이 약속을 가진 우리는 하나님을 두려워하는 가운데서 거룩함을 온전히 이루어 육과 영의 온갖 더러운 것에서 자신을 깨끗하게 하자"(고후 7:1)

적용하기 : 당신은 너무 쉽게 하나님을 입에 담고 있는 것은 아닙니까? 어떨 때 그랬는지 이야기해 보십시오. 하나님은 물론 은혜와 사랑이시지만 하나님을 두려워할 줄 알아야 합니다.

❷ 30~50세

핵심구절 : "모세와 아론과 이스라엘 지휘관들이 레위인을 그 종족과 조상의

가문에 따라 다 계수하니 삼십 세부터 오십 세까지 회막 봉사와 메는 일에 참
여하여 일할 만한 모든 자 곧 그 계수된 자는 팔천오백팔십 명이라 그들이 할
일과 짐을 메는 일을 따라 모세에게 계수되었으되 여호와께서 모세에게 명령
하신 대로 그들이 계수되었더라"(민 4:46~49)

우리의 신앙이 무르익을 때는 언제일까요? 대개는 나이가 좀 들
고 여러 가지 신앙체험을 거친 사람들의 신앙이 더 원숙해질 것입
니다. 그런데 많은 경우에 나이가 들어가면서 신앙이 성장하고 원
숙해지기는커녕 자기중심적인 신앙으로 굳어져서 오히려 세상 사
람들만도 못한 모습을 보이고 있습니다. 나이와 신앙은 큰 상관관
계는 없을 수도 있습니다만, 신앙이 무르익어 하나님과는 더욱 가
깝고 친숙해지며 하나님의 마음과 뜻을 분별하는 모습을 보이고
이웃들에게는 예수님의 사랑과 긍휼히 여기는 마음으로 다가가서
그들을 자기 자신과 같이 섬김으로써 하나님과 사람들의 중간지점
에서 역할을 다하는 신앙인이 되는 것은 쉬운 일은 아닙니다.

본문은 그런 부분을 이야기하는 것이 아니라 하나님을 직접적
으로 섬기는 데 가장 적합한 연령을 30~50세로 본다는 이야기입
니다. 그 두 가지 사이에 무슨 관련성이 있는 것일까요? 30~50세
는 젊은 시절의 경박함이 사라지고 신체능력의 한계를 벗어나지
않는 연령대를 말합니다. 그리고 30~50세는 경제활동의 거의 대
부분을 맡아서 감당하는 나이이기도 합니다. 그런데 그와 같은 황
금시기에 하나님은 성막을 이동하는 일을 맡기십니다. 이때의 사
역경험들은 앞으로의 그 사람의 신앙의 질을 결정하게 될 것입니
다. 앞으로의 그 사람의 하나님과의 관계와 더 나아가 이스라엘의
미래를 결정하게 된다는 말입니다. 단순히 그 나이의 레위인들이
거룩한 성막과 기구들을 운반하는 일에 쓰임 받았다고 할 것이 아

니라 그들이 거룩한 일을 감당하면서 앞으로의 세계가 어떻게 변화될 것인가에 초점을 맞추어야 할 것입니다. 안타깝게도 20세 이상의 이스라엘 백성들은 결국 가나안 땅에 들어가지 못하고 광야에서 모두 죽었습니다. 하나님과 가장 가까운 거리에서 하나님의 일을 감당했지만 그들은 아무것도 배우지 못했고 어떤 변화도 만들지 못했습니다. 우리는 여기에서 큰 교훈을 얻어야 합니다. 처음부터 올바른 신앙과 하나님과의 신실한 관계 속에서 신앙생활을 해야 한다는 것입니다. 처음에 자기중심적으로 신앙생활을 계속하면 결국 나이가 들어서도 그 자리에서 굳어져버리게 됩니다. 영적으로 30~50세를 항상 유지하도록 해야 하나님의 나라가 이 땅에 펼쳐질 것입니다.

"젊은 자들아 이와 같이 장로들에게 순종하고 다 서로 겸손으로 허리를 동이라 하나님은 교만한 자를 대적하시되 겸손한 자들에게는 은혜를 주시느니라"(벧전 5:5)

적용하기 : 당신은 지금 몇 세입니까? 육체의 나이와 관계없이 영적으로 몇 살의 신앙생활을 하고 있습니까?

하나님의 마음 :

하나님은 레위인들이 하나님의 일을 가장 효과적이며 열정적으로 감당하기를 원하셔서 나이를 정해주셨습니다. 당신은 육체의 나이만큼의 영적 준비가 되어 있습니까?

오늘 받은 은혜 :

전체적으로 당신이 받은 은혜와 느낌을 기록해보십시오.

실천을 위한 도전 : (기도하여 성령님의 인도하심을 받으십시오.)

당신이 영적으로 더 자라지 못하는 결정적인 이유가 있습니까? 그 중 한두 가지만 연구하고 생각하여 고치시기 바랍니다.

05
진영 내의 정결함
민수기 5:1~31

본문 개론

이제 본격적으로 광야의 행진을 시작해야 합니다. 이미 시내산 언약을 받았고 성막을 완공하였으며 20세 이상의 남자들에 대한 인구조사를 마쳤고 레위 지파의 역할과 인구조사도 마쳤습니다. 이제는 가나안으로 진행하기 전에 온 백성들을 정결하게 해야 합니다. 거룩하신 하나님께서 이스라엘의 거룩을 요구하시기 때문입니다. 그래서 먼저 피부병과 유출병 환자들을 진영 밖으로 나가게 하여 전염이 이루어지지 않도록 하고, 이웃 간의 물질적인 개입으로 마음이 나누이지 못하게 하기 위해 20%를 더 얹어 손해를 배상하게 합니다. 그리고 영과 육이 동시에 죄를 범하는 것인 간음과 의심과 질투의 문제를 다루게 하십니다. 간음의 확실한 증거가 없더라도 남편이 아내의 부정을 의심하게 되면 그것을 사라지게 함으로써 사회나 가정이 파괴되는 것을 막고 영, 혼, 육적인 부정을 제거하여 정결하게 하시는 것입니다.

본문 구성

부정한 자를 격리하라.　　　　　(1~4)

손해를 20% 더하여 배상하라.　　(5~10)

의심의 소제를 드리라.　　　　　(11~15)

저주의 물에 대하여　　　　　　(16~22)

저주의 두루마리　　　　　　　(23~30)

본문 적용

신약 시대 이후로 교회를 어지럽히고 바른 신앙을 훼손하려는 수많은 시도가 있어 왔습니다. 이단이든 불평이나 원망이든 또는 어떤 세력 간의 다툼이든 하나님의 교회를 분열시키고 거짓 복음을 전파하며 인본적인 수단과 방법들을 통하여 참된 복음을 잃어버리게 만드는 모든 세력들은 교회에서 축출해야 할 대상인 것이 명백합니다. 이제 모든 준비를 다 마치고 행진을 시작하기 전에 반드시 거쳐야 하는 과정이 바로 부정을 몰아내는 것입니다. 구약시대와 달리 오늘날에는 눈에 보이지 않는 수많은 사탄의 공격에 노출되어있기 때문에 더욱 분별하기 어려워졌습니다. 이를테면 박해를 당하더라도 초대교회 당시의 그런 양상이 아니라 문화나 물질이나 사상으로 교묘하게 침투해 들어오기 때문에 교회의 거룩을 지키기가 더 어려워졌다는 말입니다. 광야시대와 마찬가지로 정결을 훼방하는 모든 세력들을 잘 분별하여 침투해 들어오지 못하도록 신앙훈련이 더 강화되어야 하겠습니다.

❶ 사람과 하나님께 대한 죄

핵심구절 : "이스라엘 자손에게 이르라 남자나 여자나 사람들이 범하는 죄를 범하여 여호와께 거역함으로 죄를 지으면 그 지은 죄를 자복하고 그 죄 값을 온전히 갚되 오분의 일을 더하여 그가 죄를 지었던 그 사람에게 돌려줄 것이요 만일 죄 값을 받을 만한 친척이 없으면 그 죄 값을 여호와께 드려 제사장에게로 돌릴 것이니 이는 그를 위하여 속죄할 속죄의 숫양과 함께 돌릴 것이니라" (민 5:6~8)

구약시대부터 우리가 반드시 알아야 할 것은 사람에게 짓는 죄는 곧 하나님께 짓는 죄라는 사실입니다. 곧 다른 사람에게 잘못을 행하는 것은 하나님께 대한 신앙을 버리는 행위이기 때문입니다. 더 나아가 신약시대에 있어서는 형제나 이웃에게 잘못을 행하는 것은 그리스도의 사랑과 은혜를 배신하는 행위이기 때문입니다. 그리고 더 나아가서 그것은 우리를 구원하신 그리스도의 피의 공로를 헛되게 만드는 것입니다. 이런 원리는 신약시대가 아니라 이미 광야시대 때부터 이스라엘의 여호와 신앙의 뿌리가 되는 원리였습니다. 더구나 지금 가나안 땅으로 진행해 나가야 할 때에 이 법을 발동시켜 백성들을 거룩하게 하시고 이웃들 간의 거리감을 사라지게 만드는 것이 하나님의 뜻이었습니다.

오늘날 교회 안에서조차도 형제들 간의 불화나 의심이나 경쟁으로 말미암아 성도 간에 세력다툼이 일어나고 분열되어 갈라져 나가는 일들이 자주 일어나고 있다는 것을 우리는 잘 알고 있습니다. 이럴 때 모든 성도들이 반드시 새겨야 할 것은 우리가 한 생각이나 말이나 행동이 바로 하나님께 행하는 것이라는 사실입니다. 자기 생각대로만 보면 자기가 전부 옳은 것 같지만 만약에 하나님의 관점이나 이웃의 시각으로 자기를 바라본다면 전혀 다른 현상을 발견하지 않겠습니까? 설령 내가 전부 옳더라도 우리는 그리스도의 피 공로를 생각해야 합니다. 예수님께서 어디 죄가 있어서 십자가에 달리셨습니까? 언제나 예수님의 마음, 하나님의 관점으로 볼 수 있기를 바랍니다.

> "예수께서 이르시되 너희는 사람 앞에서 스스로 옳다 하는 자들이나 너희 마음을 하나님께서 아시나니 사람 중에 높임을 받는 그것은 하나님 앞에 미움을 받는 것이니라"(눅 16:15)

적용하기 : 혹시 사람 앞에 잘못한 일 중에 화해하지 못한 것이 있습니까? 그것은 하나님 앞에 죄를 지은 것임을 알고 먼저 화해를 청하시기 바랍니다.

❷ 의심의 전파력

핵심구절 : "그 물을 마시게 한 후에 만일 여인이 몸을 더럽혀서 그 남편에게 범죄하였으면 그 저주가 되게 하는 물이 그의 속에 들어가서 쓰게 되어 그의 배가 부으며 그의 넓적다리가 마르리니 그 여인이 그 백성 중에서 저줏거리가 될 것이니라 그러나 여인이 더럽힌 일이 없고 정결하면 해를 받지 않고 임신하리라 이는 의심의 법이니 아내가 그의 남편을 두고 탈선하여 더럽힌 때나 또는 그 남편이 의심이 생겨서 자기의 아내를 의심할 때에 여인을 여호와 앞에 두고 제사장이 이 법대로 행할 것이라"(민 5:27~30)

오늘날의 시각으로 보자면 상식적으로 이치에 맞지 않는 본문일 것입니다. 부인이 의심된다고 하여 의심의 소제를 드리고 거룩하게 구별한 물에 바닥의 먼지를 섞고 저주를 기록한 글자를 이 물로 씻고 고소당한 여자가 이 물을 마시게 하는 것입니다. 그래서 여인의 배가 붓고 넓적다리가 마르면 죄가 있는 것이고 아무 일도 일어나지 않으면 정결한 여자로 판명되는 것입니다. 그 전에 이 여인은 하나님의 물을 마신 결과에 대해서 아멘 할 것을 요구받습니다. 얼핏 전혀 이치에 맞지 않는 듯하고 또 정말로 부정한 여인의 배가 붓고 넓적다리가 마르게 되는지는 다른 기록이 없기 때문에 정확하게 알 수가 없지만 그럼에도 불구하고 여기에는 하나님의 깊은 뜻이 들어있는 것입니다. 물론 여기에서 남편이 정말로 의심할만한 증거가 있어서 고소했을 수도 있고 단지 질투 때문에 그럴 수도 있지만, 어떤 경우에라도 여자와 남편이 뚜렷한 결말을 볼 수 있게 했던 것입니다. 아무 일도 일어나지 않는데 남편이 아내를 계속 의심할 수는 없고, 또 부정이 발각되었다면 그것으로 모든 조치를 취할 수 있는 것입니다.

이 규례는 의심이나 질투로 인하여 가정과 사회가 부패해지는 것을 막기 위한 법입니다. 아무 증거가 없음에도 의심이 지속된다면 한 인격, 특히 그 당시 남성우월주의적인 시각에서 본다면 이 여인이 의심을 받고 억울하게 죽을 수도 있는 상황에서 오히려 여인을 위한 법이라고도 할 수 있는 것입니다. 이것은 이스라엘 공동체에 의심의 바람이 불어 거룩함을 훼방하는 것을 예방하기 위한 법이라고 할 수 있는 것입니다. 의심이 무엇입니까? 모든 이단들은 하와를 유혹한 사탄의 방해공작을 그대로 따라가고 있습니다. 하나님과 우리, 그리스도와 교회 사이에 의심의 균열을 냄으로써 분열되게 만드는 것입니다. 하나님은 가나안 땅으로 출발하기 전에 백성들을 정결하게 만들기 위해 왜 이렇게 명하셨겠습니까? 꼭 부부간의 관계에서뿐 아니라 모든 형제관계에서 이런 싹을 다 잘라버리라는 말씀인 것입니다. 보통의 대화에서도 한 사람의 약점을 은근히 즐기는 모습이 있지 않습니까? 은근한 시기심, 경쟁의식, 비교의식, 질투심 등은 모든 그리스도인들이 이미 십자가에 못박아버린 것들입니다.

> "사랑은 오래 참고 사랑은 온유하며 시기하지 아니하며 사랑은 자랑하지 아니하며 교만하지 아니하며 무례히 행하지 아니하며 자기의 유익을 구하지 아니하며 성내지 아니하며 악한 것을 생각하지 아니하며"(고전 13:4~5)

적용하기 : 당신은 시기심 때문에 교회 안에서 누군가와 나뉘어진 적이 없었습니까? 또는 교회 안에 분파가 생겼을 때 당신은 어떻게 했습니까? 다시 그 문제를 만난다면 어떻게 하겠습니까?

하나님의 마음 :

하나님은 교회에서 예배드릴 때에만 기뻐하지는 않으시고 오히려 예배드릴 만한 삶을 더 원하십니다. 당신은 정결하게 예배드릴 만한 삶을 위해서 무엇을 바꾸어야 하겠습니까?

오늘 받은 은혜 :

전체적으로 당신이 받은 은혜와 느낌을 기록해보십시오.

실천을 위한 도전 : (기도하여 성령님의 인도하심을 받으십시오.)

당신에게는 불신의 말이나 행동, 이웃과의 경제문제, 그리고 의심이나 시기심 등 공동체를 해칠만한 요소가 있습니까? 한 가지만 발견해내고 고치시기 바랍니다.

06
나실인의 서약
민수기 6:1~27

본문 개론

앞 장에서 사람들 사이에 일어나는 죄들을 정결케 하는 법을 주신 하나님은 본장에서는 스스로를 구별하여 하나님께 헌신하려는 나실인에 관한 법을 주심으로써 백성들을 격려하고 계십니다. 나실인은 일정한 기간 동안 드릴 수도 있고 평생을 드릴 수도 있는데, 독주와 포도주를 입에 대지 않음으로써 세속적인 유혹에서 벗어나 절제와 금욕의 모범을 보여야 했고, 포도나무의 소산을 먹지 않음으로써 하나님께서 선악나무의 열매를 금하신 것과 같은 결과를 가져오며, 머리카락을 자르지 않음으로써 오직 하나님께만 순종하며, 시신을 만지지 않음으로써 인간적인 감정에 휘둘리지 않도록 해야 했습니다. 그리고 본장의 마지막 부분에는 축도에 관한 지침을 내려주시는데, 나실인 제도는 인간의 편에서 하나님께 서원하며 나아가는 것이라면 축도는 하나님의 편에서 인간에게 다가오시는 모습이라고 할 수 있습니다.

본문 구성

나실인이 지켜야 할 의무   (1~8)

나실인이 시신을 만졌을 때의 정결규례   (9~12)

서원의 기간이 찼을 때의 해방규례   (13~21)

제사장들의 축복기도에 관한 규례   (22~27)

본문 적용

나실인은 스스로가 서원하여 일정한 기간 동안, 또는 평생 동안 하나님의 일에 헌신하는 사람을 가리킵니다. 오늘날의 그리스도인이 바로 이 나실인입니다. 그것도 평생 동안 우리를 구속하신 하나님의 소유로서 세상과 구별하여 하나님의 나라로서 살아야 할 사람들입니다. 나실인이라는 단어가 여호와께 구별하여 드려진 사람이라는 뜻이고, 우리 그리스도인들을 성도라고 부르는 것도 거룩하게 구별된 사람들이라는 뜻이기 때문입니다. 삼손이 나실인이고 세례 요한이 나실인이라고 하여 엄청나고 신비하며 하나님께서 특별하게 구별한 사람만이 나실인이 아니라 예수 그리스도의 십자가 보혈로 말미암아 구원받은 모든 그리스도인들이 전부 하나님의 특별한 선택을 받은 나실인인 것입니다. 나실인 의식을 갖추면 온전한 그리스도인으로서 제자의 삶을 살 수 있을 뿐만 아니라 항상 하나님의 보호를 받을 것입니다.

❶ 우리가 나실인이다.

핵심구절 : "남자나 여자가 특별한 서원 곧 나실인의 서원을 하고 자기 몸을 구별하여 여호와께 드리려고 하면 포도주와 독주를 멀리하며 포도주로 된 초나 독주로 된 초를 마시지 말며 포도즙도 마시지 말며 생포도나 건포도도 먹지 말지니 자기 몸을 구별하는 모든 날 동안에는 포도나무 소산은 씨나 껍질이라도 먹지 말지며 그 서원을 하고 구별하는 모든 날 동안은 삭도를 절대로 그의 머리에 대지 말 것이라 자기 몸을 구별하여 여호와께 드리는 날이 차기까지 그는 거룩한즉 그의 머리털을 길게 자라게 할 것이며"(민 6:2∼5)

나실인은 기본적으로 일반 백성들과 구별하여 포도주는 물론 포도나무의 소산물을 먹지 않고 독주를 마시지 않으며 머리카락을 자르지 말고 시신에 손을 대지 말아야 합니다. 나실인 서원의 기간을 마치면 다른 백성들과 같이 포도주도 마실 수 있고 머리카락도 밀어서 서원의 기간을 마쳤음을 알리게 되어 있습니다. 나실인은 스스로의 행실을 통하여 경건한 삶을 살고 남보다 풍성한 하나님의 사랑을 실행하며 이스라엘의 빛이 되고 신앙의 표준과 경건의 모범을 보이는 사람입니다. 오늘날 우리 그리스도인들이 나실인의 삶을 살아야 한다고 말하면 머리를 장발로 기르고 수염도 깎지 않으며 장례식에도 안 가고 포도나무의 소산물을 일체 먹지 않는 것으로 생각할 수도 있겠지만 하나님께서 광야시대에 나실인에게 요구하신 삶의 원리를 알고 거기에 따라가는 것이 참된 그리스도인일 것입니다.

오늘날에는 그리스도인들과 세상 사람들 사이의 구분이 애매모호해졌고 거의 유사해지거나 똑같아졌습니다만, 예수 그리스도의 피로 구속함을 입은 우리 그리스도인들이 세상과 똑같아서는 살아

있는 복음은 전파될 수 없고 단지 종교로서의 기독교만 남게 될 뿐이며 예수님께서 십자가에서 온갖 고통과 모욕을 당하신 것은 아무런 소용도 없어지게 될 것입니다. 우리는 영적인 나실인들입니다. 사역자나 선교사들만이 결코 아닙니다. 나실인들이 이스라엘 백성들 사이에서 구별된 사람들이라면 우리는 온 세상의 모든 사람들 사이에서 구별된 사람들입니다. 복음은 삶의 방식으로 전파되어야 합니다. 그리스도인들은 삶의 방식 자체가 세상 사람들과 전혀 달라야 합니다. 세상을 보는 세계관으로부터 그리스도인으로서의 정체성, 이웃들을 바라보는 시각, 그들을 대하는 태도, 물질을 사용하는 목적과 방식, 세상을 분별하는 기준, 하나님과의 신뢰관계, 하나님을 사랑하는 표현방식들이 나실인의 그것과 같은 사람들입니다. 우리는 거룩하게 구별되어 드려진 성도들입니다.

"오직 너희를 부르신 거룩한 이처럼 너희도 모든 행실에 거룩한 자가 되라 기록되었으되 내가 거룩하니 너희도 거룩할지어다 하셨느니라"(벧전 1:15~16)

> **적용하기** : 당신은 일상의 생활 속에서 어떻게 믿지 않는 사람들과 구별된 삶을 살고 있습니까? 어떤 기준으로 나실인의 생활원칙을 지켜나가고 있습니까?

❷ 보호와 은혜와 평강

핵심구절 : "아론과 그의 아들들에게 말하여 이르기를 너희는 이스라엘 자손을 위하여 이렇게 축복하여 이르되 여호와는 네게 복을 주시고 너를 지키시기를 원하며 여호와는 그의 얼굴을 네게 비추사 은혜 베푸시기를 원하며 여호와는 그 얼굴을 네게로 향하여 드사 평강 주시기를 원하노라 할지니라 하라 그들은 이같이 내 이름으로 이스라엘 자손에게 축복할지니 내가 그들에게 복을 주리라"(민 6:23~27)

하나님은 모든 백성들에게 복을 쏟아 부어주기를 원하십니다. 그래서 제사장들로 하여금 백성들에게 복을 기원하는 축복기도를 드릴 수 있도록 공식적인 문장을 내려주신 것입니다. 마치 주기도문을 가르쳐주신 예수님의 은혜와 같은 것입니다. 이 축복은 사랑의 보호와 구원의 은혜와 하나님의 평강을 하나님을 따르는 백성들에게 내려주신다는 것을 뜻하는데, 오늘날 예배 후에 내려지는 축도와 같은 본문입니다. "예수 그리스도의 은혜와 하나님 아버지의 사랑과 성령님의 교통하심"을 기원하는 것과 같은 것입니다. 그렇다면 본문에 나오는 세 번의 '여호와는'은 바로 성자 예수님과 성부 하나님과 성령 하나님을 뜻하는 것입니다. 그리고 하나님께서 제사장들에게 지시하신 이 축도의 본문은 우리에게 이미 전격적으로 성취되었습니다. 그것은 바로 십자가의 그리스도이십니다. 예수님께서 이 세 가지 축복을 온몸으로 이루어주신 것입니다. 막연하거나 추상적, 관념적이거나 단순히 소원을 아뢰는 것이 아니라는 말입니다.

우리는 아주 특별한 복을 받기를 은연중에 원하고 있지만 그 특별한 복은 우리 앞에 와 있고 심지어 우리 속에 거하고 있습니다.

복의 개념을 물질이나 성공이나 번영이나 권세 등으로 인식하고 있다면 이 축도는 그 사람에게 별로 소용이 없을 것입니다. 물론 그런 것들은 하나님께서 필요하실 때 우리에게 주시는 것입니다. 필요 없으면 주지 않으십니다. 전능하신 하나님께서 우리를 보호하시고 은혜를 주시고 평강을 내려주신다면 무엇이 더 필요하겠습니까? 무엇이 더 부럽겠습니까? 우리가 믿고 의지하기만 하면 하나님은 반드시 모든 복을 부어주십니다. 이 축복기도는 각 사람에게 주시는 복입니다. 이 말은 어떤 식으로든 하나님의 기준에 합하여 준비된 사람에게 고스란히 주신다는 뜻입니다. 복 받기만을 소원하지 말고 복을 받을 믿음과 환경을 만들어야 한다는 말입니다. 이미 하나님은 예수 그리스도라는 가장 놀라운 복을 주셨습니다. 그리고 예수님은 성령님을 복으로 우리 속에 채워주셨습니다. 그것을 믿고 하나님만 전적으로 의지해야 합니다.

"너희는 그 은혜에 의하여 믿음으로 말미암아 구원을 받았으니 이것은 너희에게서 난 것이 아니요 하나님의 선물이라"(엡 2:8)

적용하기 : 당신이 받은 사랑과 은혜를 잊어버리고 살 때가 많지 않았습니까? 어떨 때 기쁨과 평안을 잃어버렸는지를 생각하고 회개의 기도를 드리고 회복하기 바랍니다.

하나님의 마음 :

하나님은 모든 그리스도인들이 세상에서 영적 나실인으로 살 것을 원하십니다. 나실인의 거룩한 삶과 동떨어진 삶의 모습이 있습니까?

오늘 받은 은혜 :

전체적으로 당신이 받은 은혜와 느낌을 기록해보십시오.

실천을 위한 도전 : (기도하여 성령님의 인도하심을 받으십시오.)

신앙인은 하나님을 향한 헌신과 우리를 향하신 하나님의 은혜 가운데 어딘가 서있습니다. 당신의 위치는 지금 어디입니까? 회복해야 할 것 한 가지로부터 실천을 시작하십시오.

제단의 봉헌

민수기 7:1~89

본문 개론

사실상 축제가 계속됩니다. 말하자면 각 지파는 하나님의 집으로 초대를 받은 것입니다. 그러므로 가장 좋은 예물을 가지고 와서 바친 것이었습니다. 그것이 장엄한 봉헌식이 되었던 것입니다. 이미 제단 등은 기름부음을 받았습니다. 이제는 처음으로 사용하는 문을 여는 것입니다. 각 지파의 지휘관들이 매일 한 지파씩 12일 동안 예물을 드리는데, 똑같은 물품의 예물을 가져다가 제사를 드립니다. 이 열두 지파가 가져온 예물의 품목과 수량은 동일한데 똑같은 기록을 열두 번이나 반복하는 것은 족장들과 지파를 똑같이 격려하고 각 지파에서 드린 예물이 결코 소홀히 취급되지 않는다는 사실을 기록한 것입니다. 그런 기록은 하나님께 빌려드리는 것이라고도 할 수 있으므로 다시 갚아주시리라는 것을 믿게 하려는 것이기도 합니다. 그렇게 열두 지파의 봉헌식이 드려진 후 하나님은 속죄소에서 모세에게 말씀하심으로써 기쁨을 표현하시는 것으로 마무리됩니다.

본문 구성

봉헌식에 지휘관들이 헌물을 가지고 오다. (1~3)
가져온 헌물을 레위인들에게 나누다. (4~9)
열두 지파가 매일 봉헌하다. (10~83)
지파 두령들이 드린 전체 봉헌물 (84~88)
여호와께서 받으시다. (89)

본문 적용

마치 교회에서 예배를 드리는 목적이 우선 하나님을 찬양하고 말씀과 은혜를 받으며 찬양과 헌금을 드리는 거룩하게 하는 과정을 통하여 세상으로 나아가서 승리하기 위해서인 것과 같습니다. 이스라엘은 이제 둘째 해에 시내산을 출발하기 직전에 와 있습니다. 하나님과의 모든 관계를 깨끗하게 하기 위해 거룩하게 만드는 정결예식과 삶에서의 부정을 제거하고 하나님께서 주신 것을 하나님께 드리는 봉헌예식을 거행합니다. 그리고 유월절을 드리고 나서 떠나게 되는 것입니다. 이후로 무려 38년이나 광야를 헤맬 것을 전혀 상상도 못하지만 스스로를 거룩하게 하는 모든 예식을 통하여 최소한의 필요한 모든 과정을 밟는 것입니다. 우선 예배에 최선을 다해야 합니다. 그리고 예배 중에 우리의 죄를 자복하고 감사예물로 하나님께 영광을 올려드려야 합니다. 지휘관들이 각 지파를 대표하여 예물을 드린 것 같이 신약 성도들도 그렇게 해야 하는데, 우선 물질로 헌금을 드리지만 더 중요한 것은 우리의 심령의 헌금이 먼저라는 것입니다. 우리 자신을 제물로 드리지 못하면 헌금이 헌금 되지 못할 수도 있다는 말입니다.

❶ 직임대로 주신다.

핵심구절 : "모세가 수레와 소를 받아 레위인에게 주었으니 곧 게르손 자손들에게는 그들의 직임대로 수레 둘과 소 네 마리를 주었고 므라리 자손들에게는 그들의 직임대로 수레 넷과 소 여덟 마리를 주고 제사장 아론의 아들 이다말에게 감독하게 하였으나 고핫 자손에게는 주지 아니하였으니 그들의 성소의 직임은 그 어깨로 메는 일을 하는 까닭이었더라"(민 7:6~9)

봉헌예식을 통하여 하나님께 제사를 올리는 것이 주요 본문이지만, 우리는 레위인들에게 그 제물을 나누는 원리에 대해서 주목해보아야 합니다. 사역의 원리를 알지 못하면 봉헌예식도 마음만 상할 수도 있기 때문입니다. 므라리 자손에게는 수레 넷과 소 여덟 마리, 게르손 자손에게는 수레 둘과 소 네 마리, 그리고 고핫 자손에게는 아무 것도 주지 않았습니다. 성경은 직임대로라고 말씀합니다. 일단 고핫 자손들은 성물을 운반할 때 수레나 소가 필요하지 않습니다. 가장 거룩한 성막 도구이기 때문에 고핫 자손들이 직접 메고 가야 하기 때문입니다. 므라리 자손들은 널판, 기둥, 받침 등 가장 무거운 성물을 운반해야 했고, 게르손 자손들은 성막, 앙장, 휘장 등 덜 무거운 성물들을 운반해야 했기 때문에 거기에 맞추어 필요한 운반도구들을 주셨던 것입니다.

영적으로든 육적으로든 가장 힘이 센(능력이 많은) 사람들에게는 가장 무거운 짐이 주어집니다. 또는 반대로 가장 무거운 짐을 주시는 사람에게는 그것을 감당할 힘(능력)을 주십니다. 얼핏 불평등해 보일 수도 있으나 하나님을 믿음으로 세상을 사는 그리스도인들이라면 모든 것을 하나님의 섭리에 맡길 때 가장 공평한 처리가 될 것을 믿어야 합니다. 물론 인간적인 약점으로 인하여 온전하게 처리하기 어려울 수도 있습니다. 그러나 그럴 경우에라도 하나님은 다 보고 계신다는 사실을 알아야 합니다. 때로 같은 그리스도인이라도 더 잘 사는 사람도 있고 더 큰 일을 하는 사람도 있습니다. 그럴 때 부러워하거나 시기할 것이 아니라 자기 자신에게 가장 적합한 분량으로 하나님께서 주신 것임을 알아야 합니다. 큰 짐은 더 무거운 법입니다.

"그에게서 온 몸이 각 마디를 통하여 도움을 받음으로 연결되고 결합되어 각 지체의 분량대로 역사하여 그 몸을 자라게 하며 사랑 안에서 스스로 세우느니라"(엡 4:16)

적용하기 : 더 큰 일, 더 많은 일, 더 중요한 일을 하고 싶습니까? 일을 맡을 만한 외적, 내적인 준비가 되면 큰일을 주십니다. 당신에게는 어떤 준비가 가장 필요하겠습니까?

❷ 하나님께서 먼저 말씀하시다.

핵심구절 : "모세가 회막에 들어가서 여호와께 말하려 할 때에 증거궤 위 속죄소 위의 두 그룹 사이에서 자기에게 말씀하시는 목소리를 들었으니 여호와께서 그에게 말씀하심이었더라"(민 7:89)

하나님께서 열두 지파의 지휘관들이 가져와 드린 헌물로 인하여 상당히 기뻐하셨음을 알 수 있는 대목입니다. 우리는 하나님의 음성을 듣기를 간절하게 원할 때가 많습니다. 하나님께서 명하시기만 하면 모든 것을 목숨을 걸고 감당할 수 있을 것 같습니다. 그런데도 하나님은 좀처럼 증거를 보여주지 않으십니다. 그런데 때로 하나님께서 먼저 말씀하실 때가 있습니다. 모세에게 하시듯이 그렇게 직접 말씀하시는 것이 아니라, 물론 그럴 수도 있습니다만, 때로는 성경구절에 대한 감동으로, 마음속에 알 수 없는 도전으로, 영의 언어로, 때로는 사람을 통하여, 때로는 사건을 통하여 말씀하실 때가 있습니다. 어떨 때 그러실까요? 그 사람을 쓸 때가 가까이 왔거나 앞으로 어떤 사역을 맡겨야 하실 때나 할 수 있는데 용기를 못 내고 있거나 그 사람을 극히 기뻐하실 때 등의 상황이 되었을 때 하나님은 먼저 말씀하십니다.

본문은 열두 지파의 지휘관들이 매일 가져온 제물로 제사를 드리는 봉헌식을 마치고 나서 하나님께서 모세보다 먼저 말씀하시는 장면입니다. 하나님은 굉장히 기뻐하시는 것 같습니다. 물론 우리는 하나님께 말씀을 드리는 쪽보다는 하나님께서 주시는 말씀을 받아야 합니다. 예배 때에도 하나님의 말씀을 중심으로 예배하게 되어 있습니다. 그런데 우리는 오히려 우리의 할 말만 잔뜩 드리고 자리를 떠나는 경우가 훨씬 많을 것입니다. 기도할 때에는 거의 우리 말만 하고 가버립니다. 물론 기도는 말로 드리는 신뢰이기 때문에 말을 많이 합니다. 그러나 더 중요한 것은 우리가 드리는 말보다 하나님께서 어떤 말씀을 주시는가입니다. 우리는 우리를 비워 하나님께서 먼저 말씀하시기를 기다려야 하고, 많은 기도를 할 때에도 우리의 기도보다는 하나님의 말씀에 더 큰 관심을 기울여야 할 것입니다.

"또 기도할 때에 이방인과 같이 중언부언하지 말라 그들은 말을 많이 하여야 들으실 줄 생각하느니라 그러므로 그들을 본받지 말라 구하기 전에 너희에게 있어야 할 것을 하나님 너희 아버지께서 아시느니라"(마 6:7~8)

적용하기 : 하나님께서 우리를 기뻐하시면 먼저 말씀을 하십니다. 하나님의 말씀을 먼저 들은 기억이 있습니까? 지금은 왜 그 음성을 듣지 못한다고 생각합니까?

하나님의 마음 :

하나님은 우리에게 예수님을 통해 모든 것을 주셨습니다. 이제 우리가 하나님께 드려야 할 차례입니다. 당신이 드리고 싶은 것 중에 아직 드리지 못한 것이 있습니까?

오늘 받은 은혜 :

전체적으로 당신이 받은 은혜와 느낌을 기록해보십시오.

실천을 위한 도전 : (기도하여 성령님의 인도하심을 받으십시오.)

하나님께서 임재하시는 성막이 세워졌고 기름을 발랐으며 봉헌식을 했습니다. 당신의 거룩한 몸이 세워진 것입니다. 거룩함을 유지하기 위해 한 가지 더 실천해보십시오.

본문 개론

이제 모든 준비가 완료되었습니다. 레위인들을 부르시고 그들을 정결케 하시며 회막의 직무를 시작하기 전에 하나님은 먼저 등잔대 앞에 일곱 등불을 켤 것을 아론에게 명하십니다. 이제부터 이 등불은 영원토록 지속되어야 합니다. 그리스도께서 빛으로 오셔서 모든 것을 성취하실 때까지는 지속되어야 합니다. 그렇게 하나님의 빛을 비추이기 시작하신 후에 비로소 레위인들에 대한 정결예식과 직무를 수행하도록 명하십니다. 모세가 레위인들에게 속죄의 물을 뿌리고, 전신의 털을 삭도로 밀게 하시고 의복을 빨게 하고 이스라엘 온 회중이 레위인들에게 안수하고 레위인들은 수송아지의 머리에 안수하고 번제와 소제와 속죄제를 요제로 드리고 비로소 첫 임무를 수행하게 됩니다. 하나님은 레위인을 이스라엘의 장자 대신 받으시고 정결하게 하는 제사를 드리게 한 후에 이스라엘 자손을 대신하여 모든 일을 감당하게 됩니다. 레위인의 회막 봉사는 25세부터 50세까지로 한정하고 마무리하게 됩니다.

본문 구성

성소의 등불을 켜는 방식   (1~4)

레위인을 백성대신 요제로 바치다.   (5~13)

레위인을 바쳐야 하는 이유   (14~19)

레위인이 회막에서 봉사하다.   (20~22)

25~50세까지 봉사하라.   (23~26)

본문 적용

본문은 오늘날 신약시대의 신앙생활에 상당히 중요한 원리를 제시해주고 있습니다. 등잔의 빛은 하나님께서 우리 그리스도인들을 부르시고 암흑의 세상 속에서 그리스도의 빛으로 살아야 할 것을 말씀하시는 것을 뜻합니다. 레위인들이 부르심 받은 것은 이스라엘 자손의 모든 장자를 대신하라는 것인데, 그것을 위해서 정해진 방식을 따라 정결케 하는 모든 조치를 취해야 하며 그리스도께서 온 인류의 죄를 대신하신 것처럼 우리도 불신자들을 대신하여 봉사하고 있음을 말하고 있는 것입니다. 만약에 레위인들이 아니라 모든 장자들에게 성막 봉사의 일을 시킨다면 그들은 집중하지 못할 것이고 전문적이지도 못할 것이므로 이렇게 효율적으로 하나님을 섬기는 일을 감당할 수 없을 것입니다. 우리는 세상에서 모두가 레위인들입니다. 하나님은 레위인으로서 우리를 부르셨습니다. 우리는 모든 사람들을 위해서 구별된 사람들입니다. 그것이 그리스도인이라는 의미인 것입니다.

❶ 등불

핵심구절 : "아론에게 말하여 이르라 등불을 켤 때에는 일곱 등잔을 등잔대 앞으로 비추게 할지니라 하시매 아론이 그리하여 등불을 등잔대 앞으로 비추도록 켰으니 여호와께서 모세에게 명령하심과 같았더라 이 등잔대의 제작법은 이러하니 곧 금을 쳐서 만든 것인데 밑판에서 그 꽃까지 쳐서 만든 것이라 모세가 여호와께서 자기에게 보이신 양식을 따라 이 등잔대를 만들었더라" (민 8:2~4)

하나님은 천지를 창조하실 때 가장 먼저 빛을 만드셨습니다. 예수님은 죄악으로 깜깜한 세상에 빛으로 오셨습니다. 그리고 우리를 향하여 세상의 빛이라고 말씀하셨습니다. 우리에게 세상의 빛이 되라고 하신 것이 아니라 세상의 빛이라고 우리의 정체성을 정의하신 것입니다. 성막 안은 빛이 들어올 틈이 없어 완전 암흑입니다. 그것은 이 세상은 완전 암흑이라는 것을 말하고 있습니다. 유일한 빛이 바로 등잔에서 비추는 빛입니다. 그 빛은 그냥 아무 곳이나 비추는 것이 아니라 분명한 방향성을 가지고 있습니다. 이 빛은 그리스도께서 성막을 몸으로 성취하실 때까지 지속적으로 비추어야 합니다. 우리 그리스도인들이 언제 어느 곳에서나 빛 된 삶을 살아야 함을 말씀하는 것입니다.

오늘날에도 과거와 마찬가지로 이 세상은 온갖 오류와 거짓과 비진리와 다툼과 시기와 이기주의와 욕심과 죽고 죽이고 먹고 먹히는 암흑으로 가득 덮여 있습니다. 그 모든 원인은 죄입니다. 죄는 가만히 있으면 보이지도 않고 느껴지지도 않습니다. 죄가 죄인지 모르는 것이 흑암의 세상입니다. 죄가 드러나려면 작은 빛이라도 비추어져야 합니다. 분간이 되지 못하고 분별할 수 없지만 거기에 진리의 빛이 비추이면 죄가 죄로 드러나게 됩니다. 대개 예수님을 믿기 전에는 자기가 죄를 짓고 있는 것인 줄 모르고 삽니다. 그러나 진리 속에 들어오면 그 모든 것이 죄였음을 고백하게 됩니다. 우리는 세상의 빛으로 살아야 합니다. 이 죄악의 세상에서 빛 된 행실로 살아야 하지만 동시에 하나님 앞에 설 수 있도록 거룩함을 유지해야 합니다. 우리 속의 그리스도의 등불은 영원히 꺼지지 않습니다. 우리가 정결하지 못하면 우리 속에 내주하시는 성령님께서 충만하실 수가 없습니다. 우리가 빛 된 삶을 살아야 하는 이유는 세상과 동시에 하나님을 향하여 안팎으로 생명으로 사는 것을 뜻합니다. 빛을 잃으면 우리는 단지 흑암과 절망과 죽음의 세력일 뿐입니다.

"너희는 다 빛의 아들이요 낮의 아들이라 우리가 밤이나 어둠에 속하지 아니하나니 그러므로 우리는 다른 이들과 같이 자지 말고 오직 깨어 정신을 차릴지라"(살전 5:5~6)

적용하기 : 사람들은 안 보는 것 같아도 우리 성도들을 늘 보고 있습니다. 일상의 삶에서 불신자들에게 빛이 되어주지 못한 부분이 있습니까? 어떻게 고쳐나가야 하겠습니까?

❷ 이스라엘 자손을 위하여

핵심구절 : "내가 이스라엘 자손 중에서 레위인을 취하여 그들을 아론과 그의 아들들에게 주어 그들로 회막에서 이스라엘 자손을 대신하여 봉사하게 하며 또 이스라엘 자손을 위하여 속죄하게 하였나니 이는 이스라엘 자손이 성소에 가까이 할 때에 그들 중에 재앙이 없게 하려 하였음이니라"(민 8:19)

하나님께서 이스라엘의 장자들 대신 레위인을 받으시고 그들을 성결케 하시고 부르시는 목적은 오직 이스라엘 자손들을 대신하고 그 자손들을 위하며 이스라엘 자손들이 성소에 가까이 할 때 재앙이 없게 하시려는 것이었습니다. 이것을 오늘날의 목회로 비유하면 어떻게 되겠습니까? 그것은 '오직 성도를 위하여'라는 말입니다. 사역자에게는 오직 그리스도가 바로 오직 성도인 것입니다. 사역자는 자기 자신을 위해 목회를 하는 것이 아닙니다. 모든 것을 하나님의 백성들을 위하여 행하는 것입니다. 그러나 많은 경우에 목회자 자신에게 초점이 맞추어져 있음을 보게 됩니다. 자꾸 자기가 주도하여 무엇인가를 하려고 합니다. 그리고 자신은 무엇 무엇을 했고 어떤 것을 개발했으며 어떤 사역을 했다고 강조합니다. 그렇게 큰일들을 이루었어도 성도가 변화되고 성장하지 못하고 제자로서 살고 있지 못하다면 모든 사역들은 헛된 것에 불과하게 됩니다. 왜냐하면 목회자들은 성도들을 위하여 부르심 받은 사람들이기 때문입니다.

그런데 이것은 목회자들뿐 아니라 모든 그리스도인들에게도 똑같이 적용됩니다. 하나님께서 우리 그리스도인들을 부르신 것은 첫째는 우리의 구원이지만 둘째는 그 구원을 통하여 세상에서 레위인의 직무를 감당하라는 것입니다. 하나님께서 레위인들을 통하여 이스라엘 자손들을 인도하신 것과 같이 우리 그리스도인들을 통하여 불신자들을 인도하고 계십니다. 이스라엘 자손들 가운데에서 장자들을 대신하여 레위인들을 부르신 것과 우리를 그리스도의 피로 거룩하게 구별하여 구원하신 것의 원리는 똑같습니다. 때로 레위인을 오늘날의 목회자로 국한하여 이야기하는 경우도 많지만, 이스라엘 자손은 오늘날의 성도로 그치는 것이 아니라 더 넓게 온 세상으로 확장되었음을 알아야 합니다. 상징적이지만 그리스도께서는 레위인을 성취하셨습니다. 그러면 우리 속에 보내주신 성령님으로 말미암아 우리가 레위인이 된 것입니다. 우리가 그리스도를 대신하여 세상에서 살아야 한다면 우리가 레위 자손으로 세상을 살아야 한다는 것입니다. 그리스도인의 삶의 초점은 우리의 이웃입니다. 그것이 우리가 그리스도를 대신하여 사는 방식인 것입니다.

"그가 모든 사람을 대신하여 죽으심은 살아 있는 자들로 하여금 다시는 그들 자신을 위하여 살지 않고 오직 그들을 대신하여 죽었다가 다시 살아나신 이를 위하여 살게 하려 함이라"(고후 5:15)

적용하기 : 레위인은 하나님과 백성들 사이의 중재인입니다. 당신은 하나님과 이웃의 중재인으로 살고 있습니까? 그렇게 살기 위하여 무엇을 바꾸어야 하겠습니까?

하나님의 마음 :

하나님은 죄 많은 백성들을 위하여 레위인을 두셨고, 죄 많은 이웃들을 위해 당신을 두셨습니다. 그래서 빛으로 살아야 합니다. 당신은 얼마나 빛나고 있습니까?

오늘 받은 은혜 :

전체적으로 당신이 받은 은혜와 느낌을 기록해보십시오.

실천을 위한 도전 : (기도하여 성령님의 인도하심을 받으십시오.)

레위인으로 하나님께 나아가려면 속죄제와 소제와 번제를 드려 스스로를 정결하게 해야 합니다. 당신에게 있는 세속적인 습관 한 가지를 선택해서 버리고 정결하게 하십시오.

유월절과 구름기둥·불기둥

민수기 9:1~23

본문 개론

항상 유월절은 새로운 출발을 의미했습니다. 왜냐하면 유월절 자체가 바로 출애굽을 시작할 때의 필수 과정이었기 때문입니다. 유월절은 이스라엘 민족의 정체성입니다. 이미 1월 14일에 유월절은 거룩하게 지켰습니다. 그러나 그때 시신을 만지거나 부득이하게 부정한 상태에 있어서 유월절을 지키지 못한 사람들에게도 온전한 유월절의 기회가 주어지는데 한 달이 지난 2월 14일에 원래 지시하신 그대로 지켜야만 했습니다. 이것은 모세가 임의대로 한 것이 아니라 하나님께 다시 기도하여 얻은 결과였습니다. 이 유월절은 이스라엘 안에서 할례를 받은 모든 이방인들도 틀림없이 지켜야 하며, 여행 중이거나 부정하지 않은데도 지키지 않는 사람은 백성 중에서 끊어지게 됩니다. 이제 출발하기 전에 반드시 점검해야 하는 것은 하나님께서 항상 동행하시는가에 대한 믿음의 문제입니다. 그것이 바로 여호와의 임재의 상징인 구름기둥과 불기둥입니다. 하나님께서 그들과 함께 하고 계신다는 명백한 증거입니다.

유월절을 지키다.   (1~5)

부정한 사람들도 유월절을 지킬 수 있다.   (6~12)

유월절의 범위와 지키지 않을 때의 벌   (13~14)

구름을 따라 머물거나 움직이다.   (15~23)

본문 적용

우리가 믿는 하나님은 애굽 광야에서 이스라엘과 동행하시고 인도하시던 바로 그 하나님이십니다. 유월절을 주시고 반드시 지켜야 한다고 명령하신 하나님이 우리가 믿는 바로 그 하나님이십니다. 우리도 영적인 유월절, 영적인 구름기둥과 불기둥의 백성이라는 뜻입니다. 유월절은 어린양의 피로 애굽의 모든 장자가 죽고 이스라엘 백성들은 구원 받은 사건입니다. 1년마다 그 크신 하나님의 은혜와 사랑을 기념하고 다시 유월절의 은혜로 돌아가는 것입니다. 우리는 그리스도의 피로 얻은 구원을 얼마나 감격하며 살고 있습니까? 유월절은 애굽의 모든 풍습과 생활수단 및 습관들을 버릴 때 가능해집니다. 하나님의 구속의 은혜를 생각할 때마다 버리지 못하던 것을 버려야 합니다. 그럴 때 비로소 하나님은 우리에게 100% 하나님이 되시는 것입니다. 그리고 그렇게 할 때 신약 성도들이 뚜렷하게 인식하기는 어렵지만 보이지 않는 구름기둥과 불기둥이 우리 위에 항상 임하신다는 확신을 가지고 승리할 수 있을 것입니다.

❶ 반드시 지켜야 한다.

핵심구절 : "둘째 달 열넷째 날 해 질 때에 그것을 지켜서 어린 양에 무교병과 쓴 나물을 아울러 먹을 것이요 아침까지 그것을 조금도 남겨두지 말며 그 뼈를 하나도 꺾지 말아서 유월절 모든 율례대로 지킬 것이니라 그러나 사람이 정결하기도 하고 여행 중에도 있지 아니하면서 유월절을 지키지 아니하는 자는 그 백성 중에서 끊어지리니 이런 사람은 그 정한 기일에 여호와께 헌물을 드리지 아니하였은즉 그의 죄를 담당할지며 만일 타국인이 너희 중에 거류하여 여호와 앞에 유월절을 지키고자 하면 유월절 율례대로 그 규례를 따라서 행할지니 거류민에게나 본토인에게나 그 율례는 동일할 것이니라"(민 9:11~14)

유월절은 어린양의 피로 구속함을 얻은 백성들이 애굽 땅을 급하게 떠나면서 발효시킬 시간이 없어 누룩 없는 무교병을 만들어 먹고 쓴 나물을 삶아 먹으며 아침까지 남겨두지 않는 절기입니다. 애굽은 죄악의 땅입니다. 그러므로 급히 떠난 것은 죄에서 급하게 벗어나라는 것을 말씀하신 것이고, 무교병도 죄악을 제거한 생활을 가리키며, 쓴 나물은 죄악의 애굽 땅에서 당한 고난을 가리키는 상징적인 의미가 있습니다. 이것은 신약시대의 성만찬과 같은 성격을 가지고 있습니다. 아무튼 유월절은 이스라엘 백성들에게는 해방일이며 구원의 날이며 자유를 얻은 날이며 하나님께서 430년의 장막을 걷어내고 나타나신 날입니다. 이 유월절은 이스라엘 백성들의 정체성이며 생명이므로 이것을 지키지 않는 자는 하나님의 백성이 될 수 없습니다. 그래서 부득이하게 첫 유월절을 지키지 못할 사람들은 한 달 후에 두 번째 유월절에는 꼭 참여하게 한 것입니다. 또한 이방인이라고 할지라도 유대교로 개종하여 할례를 받은 사람은 유대인과 똑같이 유월절을 지켜야 합니다. 그런 점에서 보자면 이스라엘은 민족공동체이기도 하지만 신앙공동체라는 말이 더 맞을 것입니다.

그러면 우리는 어떻게 유월절을 지켜야 하겠습니까? 날마다 하나님의 은혜를 돌이켜보면서 우리의 삶의 방향을 점검해야 합니다. 죄악 된 모습은 모양이라도 버려야 합니다. 구원의 은혜를 확고하게 붙잡아야 합니다. 죄 가운데 있을 때의 삶을 고난으로 인식해야 합니다. 유월절의 목적은 절기를 지키는 데 있는 것이 아니라 하나님과 아무런 거리낌이 없도록 하고 온전히 하나님만 따라갈 수 있는 조건을 만들라는 것입니다. 몸은 떠나있어도 마음은 아직도 애굽에 살면서 애굽의 사상이나 삶의 방식을 그대로 따라가고 있다면 그 사람은 아직도 애굽에 머물러 있는 사람입니다. 우리의 영적 유월절은 세상의 흐름을 거슬러 올라가는 출발점이 되어야 하는 것입니다.

"너희는 누룩 없는 자인데 새 덩어리가 되기 위하여 묵은 누룩을 내버리라 우리의 유월절 양 곧 그리스도께서 희생되셨느니라 이러므로 우리가 명절을 지키되 묵은 누룩으로도 말고 악하고 악의에 찬 누룩으로도 말고 누룩이 없이 오직 순전함과 진실함의 떡으로 하자"(고전 5:7~8)

적용하기 : 당신은 구원의 은혜를 얼마나 마음깊이 새기고 있습니까? 그것을 가볍게 생각하거나 흐려져 있다면 구름기둥으로 인도하시는 은혜는 맛볼 수 없습니다.

❷ 하나님의 임재를 향하여

핵심구절 : "이틀이든지 한 달이든지 일 년이든지 구름이 성막 위에 머물러 있을 동안에는 이스라엘 자손이 진영에 머물고 행진하지 아니하다가 떠오르면 행진하였으니 곧 그들이 여호와의 명령을 따라 진을 치며 여호와의 명령을 따라 행진하고 또 모세를 통하여 이르신 여호와의 명령을 따라 여호와의 직임을 지켰더라"(민 9:22~23)

구름기둥과 불기둥은 하나님께서 동행하신다는 사실을 눈으로 확인할 수 있는 증거였습니다. 구름기둥만이었으면 밤에 확인하기 어렵고 불기둥만이었으면 낮에 확인하기가 어려웠을 것입니다. 구름기둥과 불기둥으로 인도하신 이유는 가나안 땅으로 행진하기 위해서입니다. 행진이라는 단어가 일곱 번이나 등장합니다. 자신의 경험이나 육적인 생각대로 한다면 그것은 실패할 것이고 행진이 아니라 후퇴가 될 것입니다. 세상의 성공이나 번영이나 인생의 자랑을 따라간다면 명백한 퇴보입니다. 구름기둥과 불기둥은 약속의 땅으로 행진하게 하시기 위해서 사용하시는 수단입니다. 구름기둥이 머물러있으면 아무리 불편한 장소라도 한 달이든 일 년이든 머물러 있어야 합니다. 그러나 구름기둥이 움직이면 머물러있던 자리가 아무리 편하고 풍부하여 즐거워도 떠나야 합니다. 결코 자기들의 판단을 따라 움직일 수가 없었습니다. 다른 한편으로는 백성들은 구름이 움직일 때를 대비해서 언제라도 떠날 준비를 하고 있어야만 했습니다. 결코 영원토록 주인으로 머무를 수 없고 단지 나그네로 살아야 할 뿐입니다. 우리 그리스도인들과 똑같습니다.

보통 신앙생활을 광야생활이라고들 이야기합니다. 그럼에도 불구하고 이 땅을 최종적인 장소인 것처럼 생각하고 말하고 움직일 때가 얼마나 많습니까? 지금도 하나님은 구름기둥과 불기둥으로 우리를 인도하고 계십니다. 그것은 우리 속에 내주하시는 성령님의 역할입니다. 성령님이 구름기둥이요 불기둥이십니다. 우리는 때때로 답답할 때가 있습니다. 그러나 그리스도인은 서두르지 않습니다. 서두른다고 해서 일이 이루어지는 것도 아닙니다. 우리가 평소에 하던 별 진전 없어 보이는 일을 지속한다고 해서 결코 시간 낭비가 아닙니다. 전부 다 타당한 이유가 있습니다. 기다리지 못한다면 구름기둥이 움직이지도 않는데 자기가 먼저 나서는 꼴입니다. 그렇다고 움직여야 할 때를 놓치면 또 하나님은 먼저 가버리십니다. 이래저래 하나님의 동행에 실패하게 됩니다. 머무르든 움직이든 우리는 언제나 그 준비를 하고 있어야 합니다.

"그런즉 너희가 어떻게 행할지를 자세히 주의하여 지혜 없는 자 같이 하지 말고 오직 지혜 있는 자 같이 하여 세월을 아끼라 때가 악하니라 그러므로 어리석은 자가 되지 말고 오직 주의 뜻이 무엇인가 이해하라"(엡 5:15~17)

적용하기 : 지금 당신은 답답한 상황에 놓여 있습니까? 아니면 조급한 상황에 있습니까? 그럴 때 당신이 결정을 내려야 하는 근거인 구름기둥은 무엇입니까? 무엇이 기준입니까?

하나님의 마음 :

머물러야 할 때 움직이고 움직여야 할 때 머물러 있다면 하나님께서 얼마나 안타까우시겠습니까? 당신이 머물러야 할 때와 움직일 때를 분별하지 못한 이야기를 해 보십시오.

오늘 받은 은혜 :

전체적으로 당신이 받은 은혜와 느낌을 기록해보십시오.

실천을 위한 도전 : (기도하여 성령님의 인도하심을 받으십시오.)

당신이 유월절처럼 버려야 할 것을 버리지 못한 것 한 가지와 구름기둥을 따라 움직이지 못하게 만들었던 요소 한 가지를 생각하여 담대하게 버리기 바랍니다.

시내 광야를 떠남

민수기 10:1~36

본문 개론

이제 실제로 구름기둥과 불기둥을 따라 시내산을 출발하기 전에 하나님은 온 민족이 일사분란하게 효율적으로 움직일 수 있도록 한 가지 지시를 내리시는데 그것은 은으로 나팔을 만들라는 말씀이었습니다. 하나님의 뜻을 온 백성들이 단번에 알 수 있도록 나팔을 부는 방식까지 지시를 내리십니다. 나팔소리는 오늘날의 하나님의 뜻, 곧 말씀입니다. 그렇게 나팔로 지시를 내리는 방식을 알게 하시고, 드디어 구름기둥을 움직이십니다. 이미 가르쳐주신 진영이 행진 순서대로 출발합니다. 유다 진영의 잇사갈, 스불론 자손의 순서대로 갑니다. 그 다음에 레위인인 게르손과 므라리 자손이 성막을 메고 갑니다. 그리고 르우벤 진영의 시므온, 갓 자손이 가고 그 뒤를 레위인 고핫 자손이 성물을 어깨에 메고 따라갑니다. 계속해서 에브라임 진영의 므낫세, 베냐민 자손이 가고 단 진영의 아셀, 납달리의 순서로 나아갑니다. 모두 구름기둥과 불기둥을 따라 움직이는 것입니다. 모든 것이 순조롭게 진행됩니다.

본문 구성

나팔로 신호하는 방법   (1~10)
민수기 2장의 지시대로 진행하다.   (11~28)
장인(또는 처남) 호밥을 머물게 하다.   (29~32)
3일 동안의 이동과 모세의 기도   (33~36)

본문 적용

하나님은 이스라엘이 계획대로 움직여서 곧바로 가나안 땅으로 진격해 들어가라고 하십니다. 그래서 마침내 1년 1개월 20일째 되는 2월 20일에 구름기둥을 움직이시고 나팔을 불어 정해진 지파의 순서대로 행진하게 하십니다. 여기에서 나팔소리가 굉장히 중요해지는데, 그것은 오늘날 하나님의 말씀을 뜻하는 것이기 때문입니다. 광야생활에서는 나팔소리를 듣고 어떤 반응을 보이는가에 따라 생사가 결정되는 상황이었기 때문에 모든 자손들이 전부 이 나팔소리에 순종했을 것입니다. 그러나 오늘날에는 하나님의 말씀은 희미해졌고 왜곡되었으며 그 말씀을 그릇되게 해석하여 이단이 생기게도 되었고 인본적, 사상적으로 해석하여 본래 주신 말씀의 의도가 비뚤어져 버렸습니다. 교파에 따라 다양한 해석으로 말미암아 어느 쪽이 옳은지도 분별하기 어렵게 되었습니다. 하지만 성경 말씀이 하나님의 음성 곧 나팔소리라는 사실을 믿고 기본적인 원리대로 순종한다면 살아있는 복음을 소유한 건강한 그리스도인들이 될 것입니다.

❶ 우리도 나팔을 불자.

핵심구절 : "또 너희 땅에서 너희가 자기를 압박하는 대적을 치러 나갈 때에는 나팔을 크게 불지니 그리하면 너희 하나님 여호와가 너희를 기억하고 너희를 너희의 대적에게서 구원하시리라 또 너희의 희락의 날과 너희가 정한 절기와 초하루에는 번제물을 드리고 화목제물을 드리며 나팔을 불라 그로 말미암아 너희의 하나님이 너희를 기억하시리라 나는 너희의 하나님 여호와니라" (민 10:9~10)

나팔은 백성들의 전체소집이나 족장들의 소집, 진이 이동할 때, 대적들과 전쟁할 때, 거룩한 절기 때 등에 맞는 신호를 정해주셨습니다. 시내산에서 하나님의 말씀을 받을 때에도 나팔소리와 하나님의 음성이 함께 들렸고, 예수님께서 요한에게 말씀하실 때에도 나팔소리 같은 음성으로 말씀하셨으며(계 1:10), 예수님께서 재림하실 때에도 나팔소리가 먼저 나게 되어 있습니다(살전 4:16). 나팔을 부는 경우를 보면 큰일에만 부는 것이 아니라 다양한 일에 맞게 불어야 하는 것을 봅니다. 이 나팔은 반드시 제사장들만 불게 되어 있어서 하나님의 말씀이 사사롭게 사용되어서는 안 된다는 것을 의미하고 있으며, 따라서 나팔소리를 중심으로 모든 삶이 이루어져야 함을 뜻하고 있습니다. 이 나팔소리를 듣고 그대로 따라가면 이스라엘이 승리하게 해주시고 절기에 나팔을 불면 하나님께서 기억해주시며 더욱 백성들과 항상 동행하시는 것입니다. 그러므로 나팔소리가 우리의 생명입니다. 나팔소리를 최우선적으로 듣기 위해 애를 쓰며 그 소리를 들으면 즉시 그 뜻대로 움직여야 참된 백성이 될 수 있는 것입니다.

나팔소리는 하나님의 명령, 말씀을 뜻합니다. 오늘날 성경말씀이 나팔소리입니다. 그것이 하나님의 뜻을 성도들에게 나타내는 것이고 큰일이든지 작은 일이든지 말씀의 나팔소리를 들어야 한다는 것입니다. 나팔소리는 주로 어떨 때 분다고 했습니까? 어떤 움직임이 필요할 때, 용기가 필요하고 담대한 믿음이 필요할 때, 그리고 하나님께서 동행하심을 믿어야 할 때 분다고 했습니다. 그러므로 나팔소리를 들으면 그 즉시 하나님의 말씀에 순종해야 합니다. 항상 그 소리에 귀를 기울여야 한다는 뜻입니다. 그런데 하나님의 나팔소리인 말씀을 듣고 속으로만 생각하거나 의무적으로 억지로 움직이거나 게을러서 늦게 천천히 움직인다면 그 사람에게 나팔소리는 아무런 의미도 없습니다. 말씀은 실천하기 않으면 단지 추상적인 관념에 불과할 뿐입니다. 말씀의 나팔소리가 우리를 움직이기를 원합니다.

"또한 부딪치는 돌과 걸려 넘어지게 하는 바위가 되었다 하였느니라 그들이 말씀을 순종하지 아니하므로 넘어지나니 이는 그들을 이렇게 정하신 것이라"(벧전 2:8)

적용하기 : 당신은 하나님의 말씀을 어떻게 대하고 있습니까? 말씀을 생명으로 여기지 못하는 이유가 무엇이라고 생각합니까?

❷ 참된 기도

핵심구절 : "그들이 여호와의 산에서 떠나 삼 일 길을 갈 때에 여호와의 언약궤가 그 삼 일 길에 앞서 가며 그들의 쉴 곳을 찾았고 그들이 진영을 떠날 때에 낮에는 여호와의 구름이 그 위에 덮였었더라 궤가 떠날 때에는 모세가 말하되 여호와여 일어나사 주의 대적들을 흩으시고 주를 미워하는 자가 주 앞에서 도망하게 하소서 하였고 궤가 쉴 때에는 말하되 여호와여 이스라엘 종족들에게로 돌아오소서 하였더라"(민 10:33~36)

가장 중요한 기도는 무엇일까요? 가나안 땅에 들어가기 위한 기도가 될 수도 있고 대적들을 물리치게 해달라는 기도가 될 수도 있으며 나라가 제대로 세워지기 위한 기도가 될 수도 있을 것입니다. 그러나 가장 중요하고 핵심적이며 본질적인 기도는 하나님의 동행과 인도하심을 위한 기도일 것입니다. 왜냐하면 하나님께서 인도하시고 동행하시기만 하시면 다른 것은 다 아무 것도 문제가 될 수 없기 때문입니다. 모세는 언약궤가 떠날 때에는 대적들을 흩으시고 하나님께서 미워하는 자들이 하나님 앞에서 도망하게 해달라고 기도하였고, 언약궤가 쉴 때에는 여호와여 이스라엘에게로 돌아오소서라고 기도했습니다. 당연히 궤가 떠날 때에는 하나님의 동행하심을 간구함으로써 대적들이 우리를 상하지 못하게 해달라는 간절한 마음을 표현하는 것이고, 궤가 쉴 때에 돌아오소서 하는 기도의 의미는 구원하소서, 회복하소서, 새롭게 하소서 등의 의미를 가지는 것입니다.

이런 기도는 어떻게 보면 관례적인 기도가 되기 쉽습니다. 우리가 예배 때마다 사도신경을 암송하거나 주기도문으로 기도할 때가 많은데 그럴 때 그 기도가 살아있는 기도가 되고 하나님과 교통하는 기도가 되려면 매번마다 간절한 마음으로 드려야 비로소 기도다워질 것이 아니겠습니까? 물론 이스라엘의 모든 진영이 움직이거나 쉴 때에는 항상 눈에 보이는 직접적인 위험이 도사리고 있기 때문에 아무리 관례적인 기도라고 하더라도 저절로 간절한 기도가 되었을 것입니다. 그렇다고 오늘날 현대 신앙인들의 상황이 이스라엘의 광야생활만 못할까요? 결코 그렇지 않습니다. 눈에 보이지 않는 영적 환경은 광야생활과는 비교도 할 수 없을 정도로 직접적이라는 사실을 알아야 합니다. 말 한 마디, 행동 하나하나가 사탄의 영적 공격과 맥이 닿아 있습니다. 물론 자기 자신과의 싸움이 먼저이지만 자칫하면 세상의 갖가지 쾌락의 유혹과 욕심의 미혹에 빠질 수가 있는 것입니다. 그러므로 하나님의 동행하심과 인도하심이 절실한 기도를 날마다 해야 하는 것입니다.

"나의 간절한 기대와 소망을 따라 아무 일에든지 부끄러워하지 아니하고 지금도 전과 같이 온전히 담대하여 살든지 죽든지 내 몸에서 그리스도가 존귀하게 되게 하려 하나니"(빌 1:20)

적용하기 : 당신은 특별한 기도에만 집중하고 있습니까? 일상에서 당신이 날마다 반드시 드려야 하는 기도는 무엇이겠습니까?

하나님의 마음 :
하나님은 우리가 하나님과 같아지기를 원하십니다. 물론 불가능하지만 적어도 하나님과 친밀한 교제는 가능해야 합니다. 당신은 하나님과 어느 정도나 막힘이 없습니까?

오늘 받은 은혜 :
전체적으로 당신이 받은 은혜와 느낌을 기록해보십시오.

실천을 위한 도전 : (기도하여 성령님의 인도하심을 받으십시오.)
하나님의 지시를 따라 나팔을 부는 입장에서 당신 자신을 바라보십시오. 말씀에 순종하지 못한 것과 기도하지 못한 것 각 한 가지씩 발견해내어 실천하시기 바랍니다.

11
불평하는 이스라엘 백성
민수기 11:1~35

본문 개론

　기가 막힙니다. 이제 시내산을 떠나온 지 사흘밖에 지나지 않았습니다. 그런데 원망이 터져 나오므로 진영에 불을 붙이셨습니다. 백성들 사이에 불을 보내실 정도로 그 원망이 심했다는 말입니다. 그리고 곧바로 불평이 터져 나왔습니다. 그것은 처음에는 이방인들에게서 나왔지만 곧바로 백성들에게로 번졌습니다. 모세도 한계에 부딪쳤습니다. 하나님께 하소연합니다. "왜 괴롭게 하십니까? 짐이 너무 무겁습니다. 내가 낳고 기른 것이 아닙니다. 고기를 내가 어떻게 얻습니까? 차라리 즉시 나를 죽여 고난당하지 말게 하소서." 모세의 하소연이 원망이나 불평으로 비칠 수 있었지만 하나님은 거기에 대해 모든 응답을 주십니다. 70인의 장로들과 짐을 분담시키시고, 그들에게도 영을 주시고, 소와 양과 가축을 모두 잡아도 불가능하지만 메추라기로 고기를 한 달 동안 실컷 먹게 하십니다. 그러나 하나님은 그 일로 인하여 메추라기 고기를 씹어 먹기도 전에 심한 재앙을 내리십니다. 그리고 그곳을 떠나 하세롯에 가서 머물게 하십니다.

백성의 원망과 모세의 기도 (1~3)

백성의 불평과 모세의 원망 (4~15)

칠십 장로들에게 하나님의 영이 임하시다. (16~25)

엘닷과 메닷에게도 영이 임하시다. (26~30)

온 지면에 메추라기를 보내시다. (31~32)

하나님께서 큰 재앙으로 백성을 치시다. (33~35)

본문 적용

가슴 벅찬 출발을 한 지 겨우 3일 만에 원망과 불평으로 바뀌었습니다. 1년이 넘도록 광야생활을 했지만 아직 초기단계이고 또 한동안 시내산에서 은혜를 받고 있었기 때문에 느끼지 못했던 어려움을 직접 몸으로 느낀 결과였습니다. 그들 중에 있던 이방인들이 불평하기 시작하더니 이제는 모든 백성들에게 전파되어 불평하기에 이르렀습니다. 모세도 도저히 견딜 수 없는 상황이 되어 어려움을 한꺼번에 쏟아냅니다. 그러나 광야에서의 백성들의 불평은 오늘날에도 여전히 반복되고 있습니다. 믿음을 상실하게 되는 주요 원인들이 되는 것입니다. 그럴 때 하나님의 백성들이 해야 할 단 한 가지 행동은 무엇입니까? 기도하는 것 밖에는 없습니다. 상황은 결코 불평이나 원망으로 바뀌지 않습니다. 그러나 하나님은 모든 상황에서 모든 일을 하실 수 있습니다. 원망의 원인분석이 아니라 믿음입니다.

❶ 모세가 하소연하다.

핵심구절 : "모세가 여호와께 여짜오되 어찌하여 주께서 종을 괴롭게 하시나이까 어찌하여 내게 주의 목전에서 은혜를 입게 아니하시고 이 모든 백성을 내게 맡기사 내가 그 짐을 지게 하시나이까 이 모든 백성을 내가 배었나이까 내가 그들을 낳았나이까 어찌 주께서 내게 양육하는 아버지가 젖 먹는 아이를 품듯 그들을 품에 품고 주께서 그들의 열조에게 맹세하신 땅으로 가라 하시나이까 이 모든 백성에게 줄 고기를 내가 어디서 얻으리이까 그들이 나를 향하여 울며 이르되 우리에게 고기를 주어 먹게 하라 하온즉 책임이 심히 중하여 나 혼자는 이 모든 백성을 감당할 수 없나이다 주께서 내게 이같이 행하실진대 구하옵나니 내게 은혜를 베푸사 즉시 나를 죽여 내가 고난당함을 내가 보지 않게 하옵소서"(민 11:11~15)

모세의 말에는 틀린 말이 하나도 없습니다. 모든 원망과 불평에는 틀린 말이 없습니다. 사람의 입장에서 그렇습니다. 원망과 불평은 전염력이 아주 강합니다. 죄의 모습과 똑같습니다. 누룩의 팽창력을 그대로 가지고 있습니다. 이제 온 백성들이 자기 장막 문에서 운다고 했습니다(10). 모세도 더 이상 견디기가 어렵습니다. 자기도 모르게 하나님께 하소연합니다. 물론 이것도 분명히 원망과 불평에 해당될 수 있습니다. 그런데 하나님은 원망, 불평하는 백성들에게는 불을 내리시고 큰 재앙으로 치셨는데 모세가 하소연할 때에는 기도제목을 전부 들어주십니다. 무슨 차이겠습니까? 원망과 불평의 원인을 보면 백성들과 모세는 전혀 다른 것을 알 수 있습니다. 우선 그들은 전체적으로 사흘 동안 행진한 모든 과정 중에 힘들고 어려운 점을 들어 원망했습니다. 우리가 이러려고 애굽에서 나왔느냐는 말입니다. 그리고 탐욕의 죄 곧 고기를 더 많이 먹고 싶다는 말입니다. 결국 의식주, 특히 먹을 것에 대한 불평으로 원망이 나왔습니다.

반면에 모세의 하소연은 전부가 다 하나님의 사명을 감당하면서 백성들의 원망을 해소해 줄 수 없는 데에 대한 괴로움의 호소입니다. 마치 엘리야가 바알과 아세라의 선지자 850명을 대적하여 죽이고 지쳐서 브엘세바로 도망가서 로뎀나무 아래에서 죽여 달라고 하는 것과 같지 않습니까?(왕상 19:4) 그때도 하나님은 엘리야에게 더 큰 사명을 주셨습니다. 똑같은 원망도 근거에 따라서 완전히 달라진다는 말입니다. 어떤 원망은 하나님께서 오히려 그것을 해결해주시지만 다른 원망은 오히려 목숨까지 잃어버리게 되는 것입니다. 우리가 무엇 때문에 하나님께 불평합니까? 먹고 사는 문제나 성공을 위해서나 살기 좋은 환경 때문에 불평하고 원망한다면 하나님은 용납하지 않으십니다. 그러나 죽도록 충성하다가 하소연하는 원망은 기도가 됩니다. 불평이 아니라 기도제목입니다. 모세가 얼마나 위대하고 담대한 믿음을 가지고 있습니까? 우리는 더 높은 곳을 바라보면서 나아가야 합니다. 그러면 하나님은 반드시 응답하십니다.

"그들 가운데 어떤 사람들이 원망하다가 멸망시키는 자에게 멸망하였나니 너희는 그들과 같이 원망하지 말라"(고전 10:10)

> **적용하기** : 당신이 간절하게 기도하는 제목은 무엇입니까? 혹시 하나님 앞에 원망하거나 불평한 것이 있다면 그 원인을 파악하여 바른 방향으로 나아가기를 바랍니다.

❷ 다 선지자가 되게 하소서.

핵심구절 : "그 기명된 자 중 엘닷이라 하는 자와 메닷이라 하는 자 두 사람이 진영에 머물고 장막에 나아가지 아니하였으나 그들에게도 영이 임하였으므로 진영에서 예언한지라 한 소년이 달려와서 모세에게 전하여 이르되 엘닷과 메닷이 진중에서 예언하나이다 하매 택한 자 중 한 사람 곧 모세를 섬기는 눈의 아들 여호수아가 말하여 이르되 내 주 모세여 그들을 말리소서 모세가 그에게 이르되 네가 나를 두고 시기하느냐 여호와께서 그의 영을 그의 모든 백성에게 주사 다 선지자가 되게 하시기를 원하노라 모세와 이스라엘 장로들이 진중으로 돌아왔더라"(민 11:26~30)

엘닷과 메닷은 장로들의 회집에 나아가지 않고 진영에 머물렀습니다. 그런데 하나님은 그들에게도 하나님의 영을 보내셔서 자기 진영에서 예언하게 하셨습니다. 이미 나머지 장로들은 여호와의 영이 임하셔서 각자가 다 예언을 했습니다. 모세가 혼자 모든 백성들을 인도하기엔 너무나도 지쳤고 짐이 너무 많아 책임한계를 벗어난 일이라고 하소연하자 하나님은 70인의 장로들을 부르실 뿐만 아니라 그들에게도 모세에게 주셨던 여호와의 영을 똑같이 부어주셔서 짐을 나누게 해주신 과정입니다. 모세와 같은 믿음은 아니지만 일을 맡기실 때에는 그만한 능력도 주신다는 말입니다. 그런데 엘닷과 메닷이 모세의 지시에 따르지 않고 자기 진영에서 예언을 말하자 여호수아가 그들을 다스려야 한다고 주장합니다. 하지만 모세는 시기하지 말고 그들에게 임하신 영도 같은 영임을 생각하고 모두가 하나님의 일임을 인정하라고 합니다. 그리고 모든 백성들이 다 선지자가 되기를 원하노라고 선포합니다.

모세가 평소에 이런 생각을 가지고 있었는지는 불명확하지만,

이번 사건을 계기로 하나님께서 직접 통치하시는 그런 나라를 원하게 되었을지도 모릅니다. 왜냐하면 모세가 하나님께 하소연한 대로 자기 혼자서 지도자가 되어 이 백성을 다스리기에는 역부족임을 깨달았기 때문일 것입니다. 그래서 여호와의 영에 똑같이 감동된 70인의 장로들뿐 아니라 모든 백성들이 다 선지자가 되어 하나님께 나아갈 수 있기를 원한다는 것입니다. 그런데 우리가 알아야 할 것은 모세가 원하던 이런 일은 신약시대에 전부 이루어졌다는 것입니다. 예수님께서 우리 죄를 위해 십자가에 죽으셨다가 부활하심으로써 우리에게 오신 성령님은 신약 백성 모두에게 임하여 계십니다. 중간에 떠나시는 분이 아닙니다. 그러므로 우리 모두가 선지자입니다. 모세의 삶의 원리를 따라야 합니다.

"만일 누구든지 자기를 선지자나 혹은 신령한 자로 생각하거든 내가 너희에게 편지하는 이 글이 주의 명령인 줄 알라"(고전 14:37)

적용하기 : 당신은 당신 자신을 누구로 생각합니까? 양이라고요? 자녀라고요? 성도라고요? 다 맞는 말이지만 동시에 우리는 모두 선지자들입니다. 우리는 하나님의 말씀을 맡고 있습니다.

하나님의 마음 :

모든 조건이 충분하거나 아니면 반드시 채워주시는데도 원망하고 불평한다면 하나님의 징계가 아니라 스스로 벌을 받게 됩니다. 당신의 원망지수는 얼마나 됩니까?

오늘 받은 은혜 :

전체적으로 당신이 받은 은혜와 느낌을 기록해보십시오.

실천을 위한 도전 : (기도하여 성령님의 인도하심을 받으십시오.)

백성들의 소망의 수준과 모세의 수준은 전혀 다릅니다. 당신에게 백성들의 소망수준에 속하는 것이 있다면 한 가지만 버리고 고치시기 바랍니다.

12
미리암과 아론의 모세 비방
민수기 12:1~16

본문 개론

모세가 이방여인을 취한 일로 미리암과 아론이 모세를 비판했습니다. 이는 율법에 저촉되는 일이 아니었음에도 개인적인 불만을 따라 그렇게 한 것이었습니다. 그런데 모세를 비방한 것이 하나님의 귀에 들렸습니다. 누구의 말은 하나님의 귀에 안 들리겠습니까? 그런데 하나님은 즉시 개입하시고 장막 문으로 나오게 하시고 모세가 진정으로 충성하는 사람이라서 직접 말씀하시는 사람이라고 하시고 미리암에게 나병을 일으키십니다. 아론이 죄를 깨닫고 모세에게 기도를 요청했고 하나님은 7일간 나병을 벌로 내리십니다. 그렇게 또 다른 원망과 불평으로 홍역을 치르고 나서 바란 광야로 행진하여 진을 칩니다.

본문 구성

미리암과 아론이 모세를 비방하다.　　　　　(1~3)
여호와께서 미리암에게 나병을 내리시다.　　(4~10)
모세의 기도로 미리암이 격려되다.　　　　　(11~15)
하세롯을 떠나 바란 광야에 진을 치다.　　　(16)

은사와 영적 권위에 대한 분별력이 필요하다는 본문입니다. 구스 여자란 아마도 아내 십보라를 지칭하는 듯합니다. 그러니까 구스 여자와 결혼한 것 때문에 이의를 제기하는 것은 핑계이고 속셈은 모세의 지도력을 침범하려는 것, 곧 자기들의 권위를 내세우려는 것입니다. 모세는 이런 비방에 침묵합니다. 그리고 모세가 분노하는 것이 아니라 하나님께서 모세의 편이 되어 대신 분노하십니다. 모세는 다른 선지자들과는 차원이 달라서 하나님과 직접 대화를 나누는 사람입니다. 하나님은 미리암에게 진노하시고 떠나버리십니다. 그제야 현실을 깨달은 아론이 모세에게 간청하자 모세가 간구하여 하나님의 응답을 받게 됩니다. 우리는 영적 권위에 대해서 생각해야 합니다. 그리고 영적 권위는 은사가 아니라는 사실도 알아야 합니다. 그렇게 직접 대화하시는 모세가 어떤 사람인가를 생각해야 한다는 말입니다. 하나님께서 왜 모세에게 그런 대우를 하시는가를 알고 그것이 우리 삶의 목표가 되어야 하는 것입니다. 모세에게서는 예수님을 발견할 수 있습니다.

❶ 영적 분별력

핵심구절 : "모세가 구스 여자를 취하였더니 그 구스 여자를 취하였으므로 미리암과 아론이 모세를 비방하니라 그들이 이르되 여호와께서 모세와만 말씀하셨느냐 우리와도 말씀하지 아니하셨느냐 하매 여호와께서 이 말을 들으셨더라"(민 12:1∼2)

앞장에서 백성들이 원망과 불평, 거기에 대한 하나님의 징계를 거듭 당했으면서도 오히려 지도자 그룹에서는 그 영향으로 말미암아 모세의 권위에 대한 도전이 일어나고 말았습니다. 원망과 불평의 파급력은 엄청난 것입니다. 그 동안 경험해왔던 모세의 신적 권위가 어떤 것인지를 누구보다 더 잘 알고 있던 미리암과 아론이 직접 모세를 비방한 것은 앞에서 70인의 장로들에게 은사가 주어졌던 것도 영향을 미쳤을 것입니다. 아무튼 근본적인 동기는 모세의 탁월한 지위에 대한 질투심 또는 교만한 마음 때문이었을 것입니다. 우리가 뭐가 부족해서 모세에게 절대적으로 복종해야만 하는가 하는 마음에서 시작되었던 것입니다. 그래서 아마도 오래 전에 결혼한 십보라를 핑계로 하여 모세에게 도전했다는 말입니다. (아니면 십보라가 죽고 구스 여자와 재혼했을 수도 있습니다만, 아무튼 그것은 핑계였다는 뜻입니다.) 그런데 이 경우에는 그것이 곧바로 하나님께 대한 비방이며 곧 하나님의 권위에 대한 도전이라는 사실을 생각해야 합니다. 왜냐하면 하나님께서 모세보다 더 분노하셨기 때문입니다.

여기에서 우리는 그러면 담임목사나 영적 지도자에 대해서 도전하지 말아야만 한다는 말인가 하는 생각이 들기 쉽습니다. 그러나 사실 하나님께서 이렇게 일방적으로 어떤 사람의 편이 되어주시는 것이 일반적인 현상은 아니라는 사실을 알아야 합니다. 그렇게 되려면 우선 그 지도자가 모세와 유사한 상황에 있어야 하며 반기를 드는 사람이 자기 욕심 곧 질투나 지위에 대한 시기와 같은 동기에서 출발할 경우에는 그럴 것입니다. 그럴 때 그들은 여러 가지 핑계를 대고 자기를 합리화시키려고 하는데 그것을 잘 분별할 수 있어야 할 것입니다. 반대로 지도자가 오히려 하나님과의 교통이 없이 자기 스스로 권위를 내세우고 자기 뜻대로 하려고 한다면 이런 원리가 절대로 작용할 수가 없습니다. 성도는 그래서 이럴 때 하나님께 기도하면서 사태를 하나님의 관점으로 잘 분별할 수 있어야 합니다. 친소관계나 자기 이익을 위해 어느 편을 든다면 그것은 오히려 하나님께 반기를 든 결과가 될 뿐이기 때문입니다. 말씀에서 나오는 영적 분별력이 필요합니다.

"사랑하는 자들아 영을 다 믿지 말고 오직 영들이 하나님께 속하였나 분별하라 많은 거짓 선지자가 세상에 나왔음이라"(요일 4:1)

적용하기 : 당신이 속한 교회나 공동체에서 리더십 사이에 마찰이 생겼을 때 당신은 어떤 기준으로 분별했습니까? 혹시 실수한 적이 있었다면 앞으로는 어떻게 해야 하겠습니까?

❷ 얼마나 충성해야 할까?

핵심구절 : "이르시되 내 말을 들으라 너희 중에 선지자가 있으면 나 여호와가 환상으로 나를 그에게 알리기도 하고 꿈으로 그와 말하기도 하거니와 내 종 모세와는 그렇지 아니하니 그는 내 온 집에 충성함이라 그와는 내가 대면하여 명백히 말하고 은밀한 말로 하지 아니하며 그는 또 여호와의 형상을 보거늘 너희가 어찌하여 내 종 모세 비방하기를 두려워하지 아니하느냐"(민 12:6~8)

하나님은 마치 하나님이 모세이기나 하신 것처럼 일방적으로 모세의 손을 들어주십니다. 하나님과 모세가 친한 친구 사이이기 때문에 그렇게 하신 것일까요? 만약에 그렇다면 하나님께서 모세를 친구처럼 생각하시는 이유가 있을 것이 아니겠습니까? 사람들 사이의 친구관계와는 달리 하나님의 기준은 완전한 기준입니다. 모세가 그 완전한 기준에 합당한 사람이기 때문에 하나님은 모세를 친구로 생각하시고 모세의 편이 되어 주신 것입니다. 그 기준은 무엇일까요? 하나님은 그것을 충성이라고 하십니다. 그렇지만 이 세상에서 하나님께 충성하는 사람이 어디 한둘인가요? 성경에 전부 그런 분들 이야기로 채워져 있는 것이 아닙니까? 그러나 성경 어디를 보아도 모세처럼 하나님께 충성하는 사람은 없었습니다. 도대체 얼마나 충성했으면 그 정도까지 생각하신 것일까요? 과연 우리가 거기까지 도달할 수 있을까요?

모세는 금송아지 사건과 같이 하나님의 영광을 가리는 일에서는 그처럼 분노한 사람이 없었지만 자신의 명예에 관한 문제에는 그처럼 온유한 사람이 없을 것입니다. 하나님의 명분을 위해서는 사자같이 분노했고 자신의 명분을 위해서는 어린양같이 유순했습니다. 바로 예수님이 그렇지 않으셨습니까? 이런 일들에 있어서는 우리가 침묵을 지킬수록 하나님께서 더 적극적으로 개입하십니다. 하나님께서 우리의 변호인이 되신다는 말입니다. 모세가 물론 처음부터 이렇게 충성한 것은 아니었습니다. 지나친 열심과 인간적은 욕심으로 동족을 구하려고 한 적도 있었습니다. 그러나 그는 미디안 광야에서의 40년의 연단과정을 거쳤습니다. 그래서 모세의 온유함이 지면의 모든 사람보다 더하더라는 표현 중에서 '온유함'을 '고난'으로 번역하기도 합니다. 모세의 충성은 무조건적인 충성이 아니라 아예 하나님의 마음으로 채워진 충성이었습니다. 그와 하나님은 동일시가 되었습니다. 하나님께서 기뻐하시면 모세도 기쁩니다. 하나님께서 진노하시거나 슬퍼하시면 모세도 화가 나거나 슬퍼집니다. 모세의 충성은 마치 그리스도께서 십자가에 달려 돌아가신 것과 같은 충성입니다. 그런 충성의 주인공이기 때문에 직접 대화하시고 무조건 그를 사랑하시는 것입니다.

> "너희 안에 이 마음을 품으라 곧 그리스도 예수의 마음이니 그는 근본 하나님의 본체시나 하나님과 동등됨을 취할 것으로 여기지 아니하시고 오히려 자기를 비워 종의 형체를 가지사 사람들과 같이 되셨고 사람의 모양으로 나타나사 자기를 낮추시고 죽기까지 복종하셨으니 곧 십자가에 죽으심이라"(빌 2:5~8)

적용하기 : 우리가 예수님처럼 하나님께 충성할 수 있는 것은 아닙니다. 그러나 우리는 모세의 충성, 예수님의 순종을 목표로 삼아야 합니다. 당신은 어느 정도나 충성하고 있습니까?

하나님의 마음 :

하나님은 전체적인 불평과 원망과 시기의 누룩이 퍼져있는 이스라엘을 고치셔
야 합니다. 모세는 굳건하게 충성의 자리를 지켰습니다. 당신은 어떤 상태라고
생각합니까?

오늘 받은 은혜 :

전체적으로 당신이 받은 은혜와 느낌을 기록해보십시오.

실천을 위한 도전 : (기도하여 성령님의 인도하심을 받으십시오.)

불신과 혼란의 시대입니다. 많은 사람들의 분위기에 휩쓸리겠습니까? 아니면
모세처럼 자리를 굳게 지키겠습니까? 거기에 훼방이 되는 한 가지만 버리기
바랍니다.

13
가나안 정탐의 실패
민수기 13:1~14:10

본문 개론

이스라엘의 원망과 불평으로 백성들뿐 아니라 모세의 형제들까지 한바탕 홍역을 치릅니다. 그러는 가운데 바란 광야의 가데스 바네아에서 하나님은 12명의 정탐꾼을 파견할 것을 명하십니다. 이 명령은 오히려 백성들의 요청에 의한 명령이었습니다(신 1:22). 백성들은 불신에 사로잡혀 하나님의 약속을 믿지 못하고 스스로 확인하고자 했던 것이고, 하나님은 정말 하나님의 말씀대로 젖과 꿀이 흐르는 땅인가를 확인하게 하고 그들의 의심과 불안을 말끔히 씻어주고자 하신 것이었습니다. 그렇게 모세가 상세하게 정탐 코스와 소산물의 환경이나 군사적인 능력을 정탐하게 명령했는데 이들이 돌아와서는 하나님께서 약속하신 좋은 환경을 본 것이 아니라 그들의 성벽이나 군사나 체격 같은 것을 보고 겁에 질려 불가능하다고 하소연하기에 이르는 것입니다. 그리고 14장에서 백성들은 밤새도록 통곡하며 원망하고 불평하여 여호수아와 갈렙이 그들을 설득하려고 했지만 오히려 백성들은 돌로 치려고까지 하게 되는 것입니다.

가나안 땅을 정탐할 것을 명하시다.　　　　(1~2)
가나안에 들어갈 열두 지파의 수령들　　　　(3~16)
40일 동안 가나안 땅을 정탐하다.　　　　(17~24)
돌아와서 정탐 결과를 보고하다.　　　　(25~29)
갈렙과 다른 정탐꾼들이 대립하다.　　　　(30~33)
설득하는 갈렙과 여호수아를 치려 하다.　　(4:1~10)

본문 적용

　　우리가 잘 아는 열두 정탐꾼 이야기는 역사의 한 기록으로 생각할 것이 아니라 오늘날의 신앙현실 속에서 그대로 이루어져야 할 것입니다. 그리고 그것도 국가적이거나 범교단적인 측면이 아니라 우리들 성도 개인이나 개교회에서 펼쳐져야 할 원리를 말씀해주고 있는 것입니다. 그 어떤 것도 비극적, 비관적으로 보면 아무것도 할 수 없지만 힘들고 답답한 상황에서도 소망, 낙관적인 시각으로 바라보면 실망할 것이 조금도 없습니다. 게다가 우리 앞에 닥친 현실이 하나님의 약속이나 지시를 따라 이루어지고 있는 일이라면 이런 원칙은 더더욱 명확하게 적용되어야 할 것입니다. 이스라엘 백성들은 심지어 수백 년 전부터 조상들 대대로 내려오면서 지속되어 온 하나님의 언약을 따라 움직이는 사람들이면서도 그런 언약은 생천 처음 들어보았다는 듯이 행동함으로써 결국 그들은 하나님의 약속을 받지 못한 사람들이 되고 말았습니다. 열두 정탐꾼 이야기가 아니라 얼마든지 바로 우리들 자신의 이야기가 될 수 있는 것입니다.

❶ 상세하게 준비하라.

핵심구절 : "모세가 가나안 땅을 정탐하러 그들을 보내며 이르되 너희는 네겝 길로 행하여 산지로 올라가서 그 땅이 어떠한지 정탐하라 곧 그 땅 거민이 강한지 약한지 많은지 적은지와 그들이 사는 땅이 좋은지 나쁜지와 사는 성읍이 진영인지 산성인지와 토지가 비옥한지 메마른지 나무가 있는지 없는지를 탐지하라 담대하라 또 그 땅의 실과를 가져오라 하니 그 때는 포도가 처음 익을 즈음이었더라"(민 13:17~20)

모세는 정탐꾼들을 보내면서 그들이 주로 살펴야 할 사항들을 상세하게 알려줍니다. 네게브 길로 올라가서 헤브론, 에스골 골짜기에 가보고, 신 광야에서부터 최북단 르홉까지 다녀오라고 명합니다. 그리고 거민들이 강한지 약한지와 땅이 좋은지 나쁜지와 성읍이 산성인지 그냥 진영인지와 토지가 비옥한지 메마른지와 나무가 있는지 없는지까지 상세하게 살펴올 것을 명했습니다. 물론 이것은 백성들에게 소망을 북돋아주고 담대한 믿음으로 결단을 다지라고 이렇게 한 것이었습니다. 정탐꾼들은 각 지파의 수령들이었습니다. 그런데 정탐꾼들은 젖과 꿀이 흐르는 토지나 환경을 본 것이 아니라 성읍의 크기와 튼튼함과 그들이 체격과 같은 군사적인 조건에 대해서만 잔뜩 겁을 먹고 돌아왔습니다. 사실 그렇게 상세하게 정탐한 것에 비하면 그런 정보들은 조금도 유용하지 못했습니다. 왜냐하면 하나님께서 더 이상 그들에게 기대를 걸지 않으시고 약 40년 후에나 가나안에 들어가게 하실 것이기 때문입니다. 그것도 그들 자신이 아니라 그들의 후배들, 자손들이 들어가는 것이었습니다.

그럼에도 불구하고 모세의 정탐꾼 파송은 우리가 살아가는 데 중요한 원리를 제공해주고 있습니다. 비록 불신 때문에 모든 것을 망쳤지만 하나님의 일을 할 때에는 사람이 할 수 있는 모든 것은 스스로 감당해야 한다는 것입니다. 그리고 마지막 마침표는 반드시 담대해야 한다는 것입니다. 모든 준비를 해놓지 않으면 하나님께서 온전하게 성취하시기 어렵지만, 전부 준비를 다 해놓고도 담대함이 없으면 약속하신 복도 받을 수 없기 때문입니다. 이스라엘 백성들은 그 동안 하나님께서 준비하도록 명하신 모든 것을 완벽하게 해놓았습니다. 얼마나 철저하고 복잡했습니까? 비록 원망과 불평의 사건들이 있었지만 그럼에도 불구하고 가나안을 정복할 모든 준비가 된 것이었습니다. 하나님의 명령대로 진격하기만 하면 되는 것이었습니다. 더구나 모세의 지시를 따라 모든 정보까지 완벽하게 구비했습니다. 그런데 그들은 실패했습니다. 그래서 우리는 준비를 철저히 함과 동시에 하나님께 대한 믿음으로 담대해지는 것이 모든 하나님의 일에 반드시 필요하다는 사실을 깨달을 수 있는 것입니다.

"이것을 너희에게 이르는 것은 너희로 내 안에서 평안을 누리게 하려 함이라 세상에서는 너희가 환난을 당하나 담대하라 내가 세상을 이기었노라" (요 16:33)

적용하기 : 당신은 먼저 준비를 철저하게 하는 편입니까? 아니면 담대하게 먼저 달려 나가는 편입니까? 어느 편이든지 당신에게 보완해야 할 점은 무엇입니까?

❷ 거인과 메뚜기

핵심구절 : "갈렙이 모세 앞에서 백성을 조용하게 하고 이르되 우리가 곧 올라가서 그 땅을 취하자 능히 이기리라 하나 그와 함께 올라갔던 사람들은 이르되 우리는 능히 올라가서 그 백성을 치지 못하리라 그들은 우리보다 강하니라 하고 이스라엘 자손 앞에서 그 정탐한 땅을 악평하여 이르되 우리가 두루 다니며 정탐한 땅은 그 거주민을 삼키는 땅이요 거기서 본 모든 백성은 신장이 장대한 자들이며 거기서 네피림 후손인 아낙 자손의 거인들을 보았나니 우리는 스스로 보기에도 메뚜기 같으니 그들이 보기에도 그와 같았을 것이니라"
(민 13:30~33)

믿음으로 보면 긍정적인 요인밖에는 보이지 않습니다. 남방 땅과 산지와 해변 가에 흩어져 있는 종족(29)들은 결집력이 약하며 모이는 데 오래 걸립니다. 이해관계도 다르기 때문에 장기간의 연합은 어려울 것입니다. 적군의 체구가 지나치게 크면(32~33) 근접전에서는 불리하겠지만 아군의 표적으로는 제격일 것입니다. 또 그만큼 재빠르지 못할 것입니다. 믿음의 눈으로 본다면 이래저래 저들의 강점은 약점으로 보일 것이고 우리의 약점은 강점으로 보일 것입니다. 스스로를 거인들 앞의 메뚜기라고 했지만 그 거인들은 하나님 앞에 메뚜기와 같지 않습니까? 성벽이 높다고 하지만(28) 하나님은 하늘에서 날아 들어가지 못하시겠습니까? 그들은 하나님을 무시했고 마치 투명한 존재로 여겨지게 했으며 오히려 하나님을 적군보다 얕잡아 보았습니다. 하나님께서 분노를 내리실 만하지 않습니까?

물론 이스라엘 백성들이 가나안 땅을 차지할 일에 취해서 능력도 안 되면서 무조건 쳐들어갈 수는 없습니다. 두 사람이 나무에

꿰어 운반해야 할 정도로 풍성한 포도송이와 석류와 무화과 열매를 실제로 따 왔습니다. 풍부한 물과 초원이 펼쳐져 있었습니다. 사전 탐지와 충분한 준비, 그리고 하나님의 능력과 약속을 믿는 믿음이 있어야 비로소 용기를 가지고 담대하게 진전해 볼 수 있는 것입니다. 눈앞에 놓여있는 과제나 사명이 거인처럼 보입니까? 아니면 메뚜기처럼 보입니까? 하나님과 동떨어져서 생각하면 거인으로 보일 것이고 하나님의 약속과 능력을 의지한다면 메뚜기처럼 보일 것입니다. 상대방의 시각이 문제가 아닙니다. 저들이 우리를 메뚜기로 볼지라도 하나님께서 동행하시면 오히려 저들이 메뚜기가 될 것입니다.

"그런즉 너희는 하나님께 복종할지어다 마귀를 대적하라 그리하면 너희를 피하리라 하나님을 가까이하라 그리하면 너희를 가까이하시리라" (약 4:7~8上)

> **적용하기** : 당신은 하나님의 일을 무모하게 추진하거나(메뚜기) 또는 지나치게 크게 생각한(거인) 적이 있었습니까? 각각의 경우에 당신에게 필요한 것은 무엇이었습니까?

❸ 배반자들

핵심구절 : "여호와께서 우리를 기뻐하시면 우리를 그 땅으로 인도하여 들이시고 그 땅을 우리에게 주시리라 이는 과연 젖과 꿀이 흐르는 땅이니라 다만 여

호와를 거역하지는 말라 또 그 땅 백성을 두려워하지 말라 그들은 우리의 먹이라 그들의 보호자는 그들에게서 떠났고 여호와는 우리와 함께 하시느니라 그들을 두려워하지 말라 하나 온 회중이 그들을 돌로 치려 하는데 그 때에 여호와의 영광이 회막에서 이스라엘 모든 자손에게 나타나시니라"(민 14:8~10)

이제 그들의 원망과 불평은 전 백성들 사이에 격렬하게 전염되어 밤새 울부짖으며 통곡하는 상태까지 갔습니다. 집단 광기와 유사합니다. 아마 10명의 정탐꾼들은 모세와 아론의 지도력에 도전하기 위해 백성들을 선동했던 것 같습니다. 그래서 애굽 땅에서 죽거나 광야에서 죽는 것이 더 낫겠다고 외칩니다. 어떻게요? 원망하다가 죽고 불평하다가 죽은 그런 죄인들처럼 심판 받기를 원한다는 뜻입니다. 그들은 가나안에 들어가서 죽는 것이 두려워서 광야에서 죽겠다고 합니다. 그 정도라면 차라리 가나안에서 싸우다가 죽는 것이 더 낫지 않을까요? 급기야 그들은 이제 한 사람의 왕을 세워 애굽으로 돌아가자고 말하기에 이릅니다. 이것은 하나님을 배반하고 하나님을 떠나겠다는 선언입니다. 만약에 그들이 정말로 그렇게 한다면 하나님의 구름기둥과 불기둥이 그들을 보호하겠습니까? 아니면 그들이 애굽으로 돌아갈 때까지 만나를 내려주시겠습니까? 쓴물이 나오면 어떻게 하겠습니까?

이런 기가 막힌 폭력과 배반의 무리들 앞에 모세는 그대로 땅에 엎드려 버립니다. 자기를 완전히 포기하고 오직 하나님께만 맡긴다는 것입니다. 그리고 여호수아와 갈렙이 앞으로 나서며 자기들의 옷을 찢고 백성들에게 호소합니다. "그 땅은 심히 아름다운 곳이다. 우리가 하나님을 믿기만 하면 다 우리에게 주신다. 그 거인들은 우리의 먹이일 뿐이다." 그러나 백성들은 이미 불신과 공포의 감정에 사로잡혀 오히려 돌을 들어 그들을 치려고 하기에 이르렀고, 이제 이스라엘 백성들과 모세를 비롯한 4사람과는 완전히 관계를 청산하겠다는 태도에까지 다다르자 하나님은 회막에서 영광을 드러내시게 됩니다. 그들은 집단폭력성으로 하나님을 배반했지만 우리는 개인적인 비폭력적으로 얼마든지 하나님을 배반할 수 있습니다. 우리 자신의 믿음을 냉정하게 돌아볼 필요가 있습니다.

"너희는 믿음 안에 있는가 너희 자신을 시험하고 너희 자신을 확증하라 예수 그리스도께서 너희 안에 계신 줄을 너희가 스스로 알지 못하느냐 그렇지 않으면 너희는 버림받은 자니라"(고후 13:5)

적용하기 : 우리가 상황의 지배를 얼마나 크게 받는가를 깨달으면 깜짝 놀랄 것입니다. 당신은 스스로 생각할 때 상황의 지배를 얼마나 받는 것 같습니까? 어떻게 해야 하겠습니까?

하나님의 마음 :

하나님은 언제나 가장 좋은 것으로 주고자 하십니다. 그 복을 받기 위해 반드시 필요한 것이 무엇이겠습니까?

오늘 받은 은혜 :

전체적으로 당신이 받은 은혜와 느낌을 기록해보십시오.

실천을 위한 도전 : (기도하여 성령님의 인도하심을 받으십시오.)

당신이 하나님을 불신하게 만드는 요소들을 생각해보고 한 가지를 선택하여 삭제하기를 바랍니다.

14
다시 광야로
민수기 14:11~45

본문 개론

마침내 하나님의 진노가 임했습니다. 그리하여 그토록 믿음이 없는 백성들을 전염병으로 쳐서 멸망시키고 모세로 하여금 더 크고 강한 나라를 일으키겠다고 하셨습니다. 그러나 모세는 자기 가문보다는 하나님의 이름이 더럽혀질까 염려하여 그들을 용서해 달라고 간구하였고 하나님은 모세의 기도를 들으시고 일단 용서해주십니다. 한편으로는 이것은 모세를 시험하신 것이기도 했습니다. 아무튼 그렇다고 아무 일도 없었던 것처럼 될 수는 없습니다. 그래서 원망하던 현재의 백성들은 전부 광야에서 죽을 것이고 그 후손들이 가나안을 정복할 것이라고 하십니다. 그리고 여호와의 귀에 백성들의 불평이 들린 그대로 갚아주실 것이라고 하십니다. 그들이 광야에서 죽겠다고 했으니까 정말로 광야에서 다 죽을 것이라고 하셨습니다. 그런데 여호와께서 그 자리에서 돌이켜 다시 광야로 나가라고 하셨지만(25) 백성들은 회개한다면서 그대로 가나안 땅으로 들어갔다가 패배하여 후퇴를 거듭했습니다. 하나님의 마음과는 이래저래 어긋난 길을 가는 백성들입니다.

본문 구성

여호와께서 백성들에게 진노하시다.   (11~12)

모세가 백성들을 위해 기도하다.   (13~19)

하나님께서 모세의 기도에 응답하시다.   (20~25)

백성들에게 심판을 내리시다.   (26~35)

악한 보고를 한 정탐꾼들이 죽다.   (36~38)

하나님 없이 쳐들어갔다가 패배하다.   (39~45)

본문 적용

기본적인 믿음의 뿌리가 없으면 누구라도 이스라엘 백성들처럼 될 수 있습니다. 믿음이 없으면 환경이나 여건에 떠밀려 하나님의 마음을 외면할 뿐만 아니라 원망하고 불평을 거듭합니다. 자기만 속으로 그렇게 생각하면 그나마 괜찮은데 자기들의 정당성을 확보하고 자기편을 만들기 위해서 갖가지 부정적인 모습만을 부각하여 온 백성들로 하여금 절망에 빠뜨리는 사람이 될 수도 있습니다. 전체주의적 사고로 입 다물고 따라오라는 말이 결코 아닙니다. 그토록 하나님의 여러 번의 언약과 또 출애굽의 과정과 이후에 광야에서의 모든 기적을 보고 체험했으면서도 이렇게 불신자들이 될 수 있습니까? 우리 신약의 그리스도인들도 수많은 기적과 약속을 받은 사람들입니다. 광야에서 이스라엘 백성들에게 주신 언약이 바로 우리들에게 직접 주신 언약입니다. 원망이나 불평이나 극단적인 행위들은 자기 자신과 공동체를 위협합니다. 하나님은 그럴 만한 틈을 주신 적이 전혀 없으십니다.

❶ 너희 말대로 될 것이다.

핵심구절 : "그들에게 이르기를 여호와의 말씀에 내 삶을 두고 맹세하노라 너희 말이 내 귀에 들린 대로 내가 너희에게 행하리니 너희 시체가 이 광야에 엎드러질 것이라 너희 중에서 이십 세 이상으로서 계수된 자 곧 나를 원망한 자전부가 여분네의 아들 갈렙과 눈의 아들 여호수아 외에는 내가 맹세하여 너희에게 살게 하리라 한 땅에 결단코 들어가지 못하리라 너희가 사로잡히겠다고 말하던 너희의 유아들은 내가 인도하여 들이리니 그들은 너희가 싫어하던 땅을 보려니와 너희의 시체는 이 광야에 엎드러질 것이요"(민 14:28~32)

사람에게 원망이나 불평이 생기면 이치에 맞지 않는 말들을 쏟아낼 때가 있습니다. 다른 사람과 대화할 때 또는 혼자 있을 때라도 어렵고 힘든 속마음을 말로 표현하게 되는 것입니다. 흔히 그런 말은 부정적이거나 비관적이거나 하나님의 마음과는 정 반대의 표현이 될 것입니다. 그런데 그런 모든 말들을 할 때 하나님께서 반드시 들으신다는 생각을 가져야 합니다. 물론 우리의 모든 일에 하나님께서 일일이 반응하신다는 말이 아니라 그런 모든 것이 신앙고백이 되어 심판으로 돌아오거나 또는 저주로 돌아오게 된다는 말입니다. 이스라엘 백성들은 차라리 애굽 땅이나 광야에서 죽었으면 좋았을 것이라고 원망합니다(2). 그리고 우리 처자가 가나안 사람들에게 사로잡힐 것이라고 말합니다(3). 이것은 물론 자기들의 말로 자기들의 주장이 정당하다는 것을 증명하기 위한 것이지만 하나님은 그들이 말한 대로 되게 하시겠다고 말씀하십니다.

말은 물론 그 사람의 믿음대로 나오게 되어 있습니다. 보통은 말은 무의식의 표출입니다. 마음에 없는 말을 하는 경우도 많이 있습니다만, 어느 경우에든지 겉으로 나타나는 말은 다른 사람들에게 지대한 영향력을 미치게 되어 있습니다. 그래서 사람의 몸에 손가락 하나 대지 않아도 언어폭력이 가능하다고 하는 것입니다. 대개 어릴 때 받는 상처는 말 때문인 경우가 많습니다. 어떨 때는 다섯 살 때 들은 말이 상처가 되어 일평생 떠나지 않을 수도 있습니다. 그런데 본문에 보면 이 말 때문에 상처를 받는 것은 사람뿐만이 아니라 하나님도 그러신 것 같습니다. 하나님께서 백성들에게 진노하신다는 말은 하나님께서 상처를 받으셨다는 말입니다. 하나님께서 이스라엘 백성들의 거듭되는 원망과 불평의 말에 상처를 받으셨습니다. 물론 하나님께서 우리와 똑같이 상처받으셨다는 말이 아니라 그 사람의 말에 대응하는 심판을 내리신다는 뜻입니다. 그런데 사람끼리는 서로에게 대하여 말을 하지만 하나님께는 직접 말하지 않아도 다 듣고 계십니다. 그리스도인은 말이 굉장히 중요합니다. 입으로 내뱉은 말대로 이루어진다는 긍정적인 마음가짐을 말하는 것이 아닙니다. 하나님께 대한 믿음이 말로 나와야 한다는 것입니다. 어떤 말도 하나님은 다 듣고 계십니다.

> "이는 뭇 사람을 심판하사 모든 경건하지 않은 자가 경건하지 않게 행한 모든 경건하지 않은 일과 또 경건하지 않은 죄인들이 주를 거슬러 한 모든 완악한 말로 말미암아 그들을 정죄하려 하심이라 하였느니라"(유 1:15)

적용하기 : 당신은 말로 사람에게 상처를 입힌 적이 있습니까? 그 말에 대해서 하나님은 어떤 평가를 내리시겠습니까? 혹시 그 말 때문에 지금 현재의 당신이 된 것은 아닙니까?

❷ 또 다른 불순종

핵심구절 : "여호와께서 너희 중에 계시지 아니하니 올라가지 말라 너희의 대적 앞에서 패할까 하노라 아말렉인과 가나안인이 너희 앞에 있으니 너희가 그칼에 망하리라 너희가 여호와를 배반하였으니 여호와께서 너희와 함께 하지 아니하시리라 하나 그들이 그래도 산꼭대기로 올라갔고 여호와의 언약궤와 모세는 진영을 떠나지 아니하였더라 아말렉인과 산간지대에 거주하는 가나안인이 내려와 그들을 무찌르고 호르마까지 이르렀더라"(민 14:42~45)

이미 하나님께서는 가나안 진격을 거두어들이시고 가나안의 반대편 광야로 다시 돌아갈 것을 지시하셨습니다. 아무리 보아도 지금 현재의 백성들로는 가나안 정복은 불가능했습니다. 그래서 다시 광야생활을 시작하라고 하신 것이었습니다. 그 이전에 하나님은 백성들을 심하게 책망하시며 하나님을 멸시하는 이 백성들을 전염병으로 멸망시키겠다고 하셨다가 모세의 간구에 뜻을 돌이키셨지만, 원망한 이 백성들은 결코 가나안 땅을 밟지 못하고 광야에서 죽게 될 것이라고 하십니다. 이 말씀을 백성들이 듣고 크게 슬퍼했습니다. 다만 이것은 진정한 회개가 아니라 단지 아직도 자기들의 인본적인 생각에 그치는 것이었습니다. 그래서 그들은 범죄한 것을 회개한다면서도 원래 하나님께서 약속하셨던 그대로 가나안 땅으로 쳐들어가겠다고 하는 것이었습니다. 실로 이것은 또 다시 스스로의 힘으로 가나안을 정복해보겠다는 교만이었습니다. 그럴 것이면 진작 순종하여 가나안 땅에 들어갔으면 얼마나 좋았을까요? 불신의 눈으로 보면 앞뒤 논리가 전혀 맞지 않습니다.

그러나 모세는 이것을 말렸습니다. 여호와께서 그들 가운데 계시지 않기 때문입니다. 그리고 반드시 가나안 사람들의 칼에 망할 것이라고까지 말했습니다. 그리고 결국 그들은 또 다른 의미의 결정적인 불순종의 죄를 저지르고 말았습니다. 하나님께서 원하시는 것은 가나안으로의 진격이 아니라 자신들의 잘못을 깊이 뉘우치고 이후의 판단을 하나님께 맡기는 것이었습니다. 결국 그들은 아말렉과 가나안인들에게 패배하고 쫓겨 내려오기에 이르렀습니다. 이스라엘 백성들의 관심은 오로지 그 땅에서 얻을 복에만 초점이 맞추어 있었고 하나님은 그저 자기들의 이익을 위해 사용할 도구에 불과했던 것입니다. 오늘 우리 기독교인들 중에 이런 신앙을 가진 사람들이 얼마나 많습니까? 하나님께 순종하는 것 같으면서도 여전히 하나님 없이 무엇인가를 해보려고 하는 모든 시도가 오히려 결정적인 불순종이라는 사실을 알아야 하겠습니다.

> "믿음이 없이는 하나님을 기쁘시게 하지 못하나니 하나님께 나아가는 자는 반드시 그가 계신 것과 또한 그가 자기를 찾는 자들에게 상 주시는 이심을 믿어야 할지니라"(히 11:6)

적용하기 : 당신은 혹시 하나님 없이 믿음생활을 하고 있지는 않습니까? 하나님을 찾으려면 어떻게 해야 하겠습니까?

하나님의 마음 :

하나님은 온전히 순종하기를 원하십니다. 그러나 혹 불순종했더라도 진정으로 돌아오기를 원하십니다. 당신에게 좋은 대로가 아니라 하나님의 편에서 순종하고 있습니까?

오늘 받은 은혜 :

전체적으로 당신이 받은 은혜와 느낌을 기록해보십시오.

실천을 위한 도전 : (기도하여 성령님의 인도하심을 받으십시오.)

당신이 가장 불순종하고 있는 부분은 무엇입니까? 우선 한 가지부터 돌이켜 순종하기 바랍니다.

제물, 죄, 옷에 다는 술

민수기 15:1~41

본문 개론

본장으로부터 19장까지는 출애굽 제2년부터 제39년 사이의 약 38년 동안의 기록입니다(신 2:14). 정탐꾼 사건이 있던 가데스 바네아에서 떠나 본격적인 가나안 정복을 위하여 세렛 시내를 건너기까지 38년이 걸린 것입니다. 본장은 가나안을 정복하고 그곳에서 살게 될 현 세대들에게 주시는 규례로 구성되어 있습니다. 이미 출애굽할 때 20세가 넘은 사람들이 거의 광야에서 죽은 후였습니다. 특히 본장에는 본 제사에 관한 규례가 아니라 그 제사를 향기롭게 만드는 소제와 전제에 대한 규정입니다. 일곱 가지인데, 어린 양과 함께 드리는 소제, 숫양과 함께 드리는 소제, 수송아지와 함께 드리는 소제, 처음 수확한 곡식의 가루떡을 드리는 규례, 온 회중이 부지중에 지은 죄를 위한 속죄제, 개인이 부지중에 지은 죄를 위한 속죄제, 그리고 의도적으로 지은 죄에 대한 형벌의 명령입니다. 마지막으로 백성들의 옷단 끝에 술을 만들고 청색 끈을 술에 더하라는 명령입니다. 율법을 잊지 말라는 것입니다.

화제, 번제, 서원제, 낙헌제, 절기제 규례   (1~12)

거류민들에게도 동일하게 적용하라.   (13~16)

처음 익은 곡식의 거제   (17~21)

부지중에 범죄하고 속죄할 때   (22~31)

안식일에 일하면 돌로 쳐서 죽이라.   (32~36)

옷에 술을 달아 계명을 기억하라.   (37~41)

본문 적용

가나안 땅에 들어간 후에 드리는 모든 제사에 더하여 곡식가루와 포도주로 드리는 소제와 전제는 제사를 더욱 향기롭게 하여 하나님을 더 기쁘시게 하기 위한 부가적인 제사였습니다. 감사제는 하나님의 식탁음식을 뜻하는 바 모든 음식에 떡과 기름과 포도주가 동시에 차려져야 한다는 것을 상징적으로 보여줍니다. 우리에게도 소제나 전제와 같은 부가적인 영적 제사들이 있습니다. 오늘날 예배만 잘 드리면 된다고 생각하는 경향이 지배적이지만 그러나 그것은 소제나 전제 없이 짐승만으로 드리는 제사처럼 무미건조한 것이 될 수 있습니다. 현대판 소제나 전제는 이웃을 자기 자신처럼 사랑하는 것이 될 수 있습니다. 하나님의 말씀으로 위로하고 힘이 되게 하거나 복음을 전파하는 것입니다. 그것은 여호와께 향기가 되는 것임을 믿어야 합니다. 한편 그렇게 부지중에 지은 공동체나 개인의 죄를 위한 속죄제에도 소제와 전제가 들어가는 것을 알아야 합니다. 그리고 부지중에 지은 죄가 아니라 의도적으로 안식일을 범한 사람에게는 자비 없는 징계가 내려집니다. 옷단에

붙이는 술을 통하여 모든 의미를 되새겨야 하겠습니다.

❶ 미래에 될 일을 위하여

핵심구절 : "이스라엘 자손에게 말하여 그들에게 이르라 너희는 내가 주어 살게 할 땅에 들어가서 여호와께 화제나 번제나 서원을 갚는 제사나 낙헌제나 정한 절기제에 소나 양을 여호와께 향기롭게 드릴 때에"(민 15:2~3)

이 명령은 물론 모든 이스라엘 백성들에게 주시는 규례이지만 특별히 출애굽할 때 20세 미만의 새 세대에게 주시는 규례입니다. 이 명령을 내리신 시기가 이제 막 가나안으로 들어가려고 할 때, 곧 출애굽 39년경이라고 여겨지기 때문입니다. 하나님은 분명히 모든 율법과 규례들을 소상하게 지시하셨습니다. 그런데 또다시 모든 제사와 관련된 명령을 내리십니다. 물론 그것은 단지 부가적인 것처럼 보입니다. 하지만 부가적인 것이라고 하여 빠져도 된다는 의미는 전혀 아닙니다. 부가적인 규례라도 반드시 함께 행해져야 할 명령인 것입니다. 이미 이야기한 대로 이것은 이 명령을 내리실 당시에 행해질 수 있는 일이 아닙니다. 왜냐하면 아직은 광야 생활 중이고 여호와께서 날마다 내려주시는 만나로 식사를 지속하고 있기 때문입니다. 이 규례는 가나안 땅에 들어가서 거기에서 수확한 곡식으로 드려야 하는 제사입니다. 그런데도 하나님은 가나안 입성 전에 이런 명령을 내리십니다. 말하자면 미래를 위한 명령인 것입니다.

우리는 여기에서 무엇을 어떻게 적용해야 하겠습니까? 물론 길게 보면 영원한 저 하늘나라에서 펼쳐질 영광스러운 모습을 떠올릴 수 있을 것입니다. 그러나 우리 그리스도인들은 아직 우리들에게 본격적으로 펼쳐지지 않은 일을 현실 속에서 이루어나가야 하는 사람들입니다. 곧 이 땅에서 천국의 삶을 살아야 할 사람들이라는 말입니다. 아직 다가오지 않은 천국의 모습을 우리의 삶을 통하여 세상에 보여주는 사람들이 우리들입니다. 우리는 세상에 미래를 보여주어야 합니다. 다음 세대를 위하여 준비해야 하지만 더 중요한 것은 이 세상의 미래인 것입니다. 하나님은 이스라엘의 미래세대를 위해 명령하셨지만 우리는 세상의 미래를 살아야 하는 사람들입니다. 그리스도인들이 예배와 삶을 통하여 그것을 보여주지 못한다면 복음은 그 생명을 잃어버리게 될 것이고 기독교는 종교에 머물러버릴 것이며 교회는 진리를 품지 못하게 될 것입니다. 이미 그런 현상은 오래 전부터 반복되어 왔습니다. 이제는 그런 퇴보의 현장에서 더 앞으로 나아가야 합니다. 우리에게는 어떤 의미에서이든지 가나안 땅이 기다리고 있습니다.

"믿음으로 노아는 아직 보이지 않는 일에 경고하심을 받아 경외함으로 방주를 준비하여 그 집을 구원하였으니 이로 말미암아 세상을 정죄하고 믿음을 따르는 의의 상속자가 되었느니라"(히 11:7)

적용하기 : 당신은 이 땅에서 얼마나 천국 삶의 모형으로서의 삶을 살고 있습니까? 당신에게 무엇이 부족하다고 생각합니까?

❷ 십자가의 흔적이 있는가?

핵심구절 : "이스라엘 자손에게 명령하여 대대로 그들의 옷단 귀에 술을 만들고 청색 끈을 그 귀의 술에 더하라 이 술은 너희가 보고 여호와의 모든 계명을 기억하여 준행하고 너희를 방종하게 하는 자신의 마음과 눈의 욕심을 따라 음행하지 않게 하기 위함이라 그리하여 너희가 내 모든 계명을 기억하고 행하면 너희의 하나님 앞에 거룩하리라"(민 15:38~40)

제사들을 통하여 거룩하신 하나님과 교제하도록 하심으로써 지속적으로 백성들의 거룩함을 유지하게 하셨지만, 그럼에도 불구하고 백성들은 하나님의 말씀을 잊어버리거나 건너뛰기 일쑤였습니다. 그래서 백성들은 원망과 불평과 불순종의 죄를 지속적으로 지었던 것입니다. 하나님은 백성들이 그들에게 주어진 율법을 더 잘 기억하고 죄를 짓지 말라는 의미에서 이스라엘 민족만의 독특한 표시를 하도록 명하십니다. 전승에 의하면 술마다 여덟 가닥의 실과 다섯 군데의 매듭이 있었다고 합니다. 술이라는 단어는 600을 뜻하므로 모두 613이라는 숫자를 나타내는데 이것은 계명들의 숫자라고 합니다. 이것은 언제 어디에서 무슨 일을 하든지 자기가 유대인이라는 정체성을 뚜렷이 하며 율법을 결코 부끄러워해서는 안 된다는 의미이기도 합니다. 또 41절에 말씀하셨듯이 여호와 하나님은 이스라엘의 하나님이 되시려고 애굽 땅에서 인도하여 내신 바로 너희들의 하나님이라는 말씀을 상기시키기 위한 것입니다.

오늘날 우리 그리스도인들에게 이 술은 무엇을 뜻하는 것이겠습니까? 우리도 그리스도의 피로 말미암아 죄 사함을 받고 구속된 백성들입니다. 우리는 애굽을 탈출하게 하신 은혜보다 더 큰 은혜를 누리며 살고 있습니다. 그런데도 때로 우리는 우리의 신앙을 숨

기려고 할 때가 없지 않아 있습니다. 성경책을 들고 다니지 않는 세태 탓도 있지만 교회가 세상의 비난을 받는 경우가 많다 보니까 믿음을 숨기려는 경향이 나타납니다. 그러나 그렇기 때문에 더욱 선명한 신앙이 필요합니다. 예수님께서 부활하셨다는 말을 하기가 꺼려진다면 우리는 떳떳한 신앙인이 아닐 것입니다. 기독교 신앙은 자랑스러운 것입니다. 교회건물을 크게 건축하거나 많은 사역을 감당하기 때문에 자랑스러운 것이 아닙니다. 나 같은 죄인을 위하여 하나님이신 예수님께서 십자가에서 돌아가신 것이 자랑스러운 것입니다. 우리는 하나님의 자녀들입니다.

"우리의 소망이나 기쁨이나 자랑의 면류관이 무엇이냐 그가 강림하실 때 우리 주 예수 앞에 너희가 아니냐"(살전 2:19)

적용하기 : 당신은 누구에게나 복음을 자랑하는 편입니까? 만약에 꺼려지는 부분이 있다면 무엇 때문이겠습니까? 어떻게 그것을 극복할 수 있겠습니까?

하나님의 마음 :

제사는 이스라엘의 표지이지만 제사 자체가 목적이 아니라 하나님과의 관계가
본질입니다. 당신은 종교적 삶과 하나님과의 관계 중 어디에 더 집중합니까?

오늘 받은 은혜 :

전체적으로 당신이 받은 은혜와 느낌을 기록해보십시오.

실천을 위한 도전 : (기도하여 성령님의 인도하심을 받으십시오.)

만약에 가나안 입성과 같은 중요한 하나님의 일을 앞두고 있(었)다면 당신이
가장 먼저 지켜야 할 원칙은 무엇이겠습니까? 세 가지만 정하여 보십시오.

16
고라 자손의 반역의 결과

민수기 16:1~50

본문 개론

오랜 광야생활에 지친 때에 스스로 제사장이 되고 싶었던 레위 자손 고라가 정치적 야심을 가진 르우벤 지파의 다단과 아비람과 공모하여 백성들을 선동하여 250명의 지도자들과 함께 반기를 들었습니다. 그들의 주장은 모세가 분수에 지나치다는 것과 왜 스스로 왕이 되고자 하느냐는 것이었습니다. 모세는 고라가 제사장의 직분을 구한다는 것을 알고 지도자를 분별하기 위해 불을 담은 향로를 250명에게 가지고 나오라고 합니다. 이때 다단과 아비람도 부르지만 그들은 모세의 명을 거부하면서 모세조차도 그들을 위해 중보하지 않습니다. 하나님은 모든 백성들이 모인 가운데 고라와 다단과 아비람의 추종자들과 장막과 진을 떠나라고 명합니다. 그리고 전부 피신하자 고라 일당의 모든 지경에 지진이 일어나 땅이 그들을 삼켜버리고 향로를 들고 있던 추종자들에게 불이 나와서 다 살라버립니다. 그 향로는 이미 거룩해진 것이므로 쳐서 놋판을 만들어 제단을 둘러싸게 합니다. 그런데도 고라 자손들이 죽은 것을 원망하는 백성들에게 급한 염병이 내리지만 아론이 향로를 가지고 향을 피워 속죄함으로써 죽음이 멈추게 됩니다.

본문 구성

고라 일당의 종교적, 정치적 반역   (1~3)

모세의 책망과 대처   (4~11)

다단과 아비람의 거역과 모세의 처방 (12~18)

반역 무리들에게서 떠나라고 명하시다. (19~27)

고라의 지역에 지진이 일어나 삼키다. (28~35)

250개의 향로를 쳐서 기념물을 만들다. (36~40)

아론이 향로로 백성들을 재앙에서 구하다. (41~50)

본문 적용

어떻게 하면 신앙생활에서 올바른 분별력을 가질 수 있을까요? 모세의 시대는 하나님께서 직접 통치하시던 시대였습니다. 물론 모세를 통하여 다스리셨지만 그렇게 많은 기적과 구원의 반복 속에서도 인간의 욕심과 그로 인한 불만은 끊이지 않습니다. 고라 일당이 야욕을 위해 백성들을 선동하고 모세와 아론에게 정면으로 대항합니다. 우리는 모세와 아론을 통한 하나님의 대응방식을 살펴야 합니다. 하나님은 제사장만이 만질 수 있는 향로를 통하여 하나님의 뜻을 펼쳐 보이십니다. 결국 고라와 향로를 들었던 250명이 모두 멸망합니다. 그리고 거기에 불만을 품은 백성들에게 염병이 임하자 아론은 향로에 불을 피워 향으로 인하여 속죄가 되게 합니다. 모세오경에서는 모세의 행동과 반응을 통하여 신앙을 배워야 합니다.

❶ 영적 분별력이 필수적이다.

핵심구절 : "레위의 증손 고핫의 손자 이스할의 아들 고라와 르우벤 자손 엘리압의 아들 다단과 아비람과 벨렛의 아들 온이 당을 짓고 이스라엘 자손 총회에서 택함을 받은 자 곧 회중 가운데에서 이름 있는 지휘관 이백오십 명과 함께 일어나서 모세를 거스르니라 그들이 모여서 모세와 아론을 거슬러 그들에게 이르되 너희가 분수에 지나도다 회중이 다 각각 거룩하고 여호와께서도 그들 중에 계시거늘 너희가 어찌하여 여호와의 총회 위에 스스로 높이느냐 … 여호와께로부터 불이 나와서 분향하는 이백오십 명을 불살랐더라"(민 16:1~3, 35)

죽고 사는 것은 영적 분별력에 달려있습니다. 고라에게 설득당한 다단과 아비람이 있고, 그들에 의해 선동당한 250명의 지도자들이 있습니다. 그리고 지도자들에게 설득당한 백성들이 있습니다. 그 백성들은 고라의 무리가 지진으로 땅에 파묻히고 향로를 가진 자들이 불에 살라져 하나님의 심판이 눈에 보였는데도 그들의 죽음을 모세의 허물로 몰아가는 사람들입니다. 우리가 현재의 눈으로 성경을 읽으니까 고라 자손 무리들이 어이없어 보이겠지만, 광야에서 원망하고 불평하고 반역하는 무리들이 곧 우리들입니다. 하나님께서 하나님의 임재를 보여주셔도 사람들은 잠시 놀라는 것 같지만 곧바로 자기들의 의식 속으로 다시 들어가 버립니다. 그리고 이전과 똑같이 원망하고 불평합니다. 오늘날 성령께서 우리 안에 내주하시기 때문에 다를 것이라고요? 거의 차이가 없는 것 같습니다.

그러면 어떻게 해야 신앙 안에서 옳고 그름을 분별할 수 있겠습니까? 기도를 통해서요? 물론 기도하지 않으면 안 됩니다. 그러나 결정하는 주체는 사람입니다. 그러면 기적적인 현상 곧 환상이나 예언이나 방언통역이나 신비현상을 따라서 분별하면 될까요? 물론 현실적으로 그렇게 자기 행동을 결정하는 사람들이 많고 유용할 때도 분명히 있습니다. 하지만 대부분의 경우에 자기 신앙의식을 벗어나지는 못합니다. 자기 사고의 틀에서 벗어나지 못한다는 말입니다. 그럴 때 우리의 기준은 하나님의 말씀밖에는 없습니다. 말씀은 이성적이라고 생각할지 모르지만 말씀 안에는 모든 기적적인 신비현상들이 다 들어있습니다. 내 생각과 달라도 말씀에서 그 기준을 찾는다면 우리는 틀림없이 올바른 분별력으로 하나님의 편에 설 수 있을 것입니다. 고라를 따라갔던 다단과 아비람에게도, 또 그들을 추종했던 250명의 지도자들과 나머지 온 백성들에게도 사실은 말씀이 이미 제공되어 있었습니다. 이것을 보면서 우리는 오직 냉정하게 하나님의 말씀만을 기준으로 생각해야 합니다. 해석에 따라 다소 차이가 있을지라도 말씀을 기준으로 한다면 반드시 승리합니다.

"이러므로 우리가 하나님께 끊임없이 감사함은 너희가 우리에게 들은 바 하나님의 말씀을 받을 때에 사람의 말로 받지 아니하고 하나님의 말씀으로 받음이니 진실로 그러하도다 이 말씀이 또한 너희 믿는 자 가운데에서 역사하느니라"(살전 2:13)

적용하기 : 당신은 어떤 문제 앞에서 결정을 내려야 할 때 무엇을 기준으로 판단하고 있습니까? 말씀의 비중은 얼마나 됩니까?

❷ 죽은 자와 산 자 사이에서

핵심구절 : "이에 모세가 아론에게 이르되 너는 향로를 가져다가 제단의 불을 그것에 담고 그 위에 향을 피워 가지고 급히 회중에게로 가서 그들을 위하여 속죄하라 여호와께서 진노하셨으므로 염병이 시작되었음이니라 아론이 모세의 명령을 따라 향로를 가지고 회중에게로 달려간즉 백성 중에 염병이 시작되었는지라 이에 백성을 위하여 속죄하고 죽은 자와 산 자 사이에 섰을 때에 염병이 그치니라"(민 16:46~48)

우리 그리스도인들은 언제나 죽은 자와 산 자 사이에 서 있는 사람들입니다. 물론 본문에서 이야기하는 것과 똑같은 의미는 아닙니다만, 영적으로 죽은 사람들과 산 사람들 사이에서 우리의 삶이 펼쳐지고 있습니다. 본문에서는 죽은 자는 더 이상 살아나지 못하고 멸망당할 사람들입니다만, 우리의 현실에서 죽은 자들은 아직 영원히 죽은 사람들이 아니라 살아날 가능성이 있는 사람들입니다. 그래서 우리가 죽은 자와 산 자들 사이에 서 있다는 것입니다. 하지만 영으로 죽은 사람들 가운데에는 완전히 죽어 멸망당할 사람들이 훨씬 더 많을 것입니다. 우리도 과거에는 영적으로 죽은 사람들이었습니다. 그런데 예수 그리스도의 십자가 공로로 인하여 부활하게 된 것입니다. 그래서 우리가 하나님의 자녀가 된 것이 아닙니까? 그렇다면 우리가 영으로 죽어있는 사람들 사이에서 마땅히 감당해야 할 일은 무엇입니까? 우리가 작은 그리스도가 되는 것입니다.

아론은 수많은 사람들이 죽어가던 상황에서 모세의 명을 받아 향로에 불을 담고 향을 피워서 죽음 한가운데로 급하게 들어갔습니다. 그것이 그 향을 맡은 사람들에게 속죄가 되어 더 이상 죽지 않게 되었습니다. 죽음이 비켜간 것은 속죄 때문이었던 것입니다. 물론 속죄는 정식으로 짐승을 죽이는 속죄 제사를 통하여 죄를 사함 받아야 하지만, 너무 다급하기 때문에 아론의 속죄의 효력이 백성들에게 미칠 수 있었던 것입니다. 아론의 속죄 향기는 아직 죽지 않은 사람들이 더 이상 죽지 않게 하는 것이었지만 우리는 이미 영으로 죽은 사람들을 다시 살려내는 책무가 주어져 있습니다. 아론이 향으로 속죄를 했다면 우리는 복음으로 속죄의 향을 피워야 합니다. 아론이 향을 피웠어도 속죄하시는 분은 하나님이십니다. 마찬가지로 우리가 복음을 삶과 언어와 행동으로 냄새를 피워도 사람들을 살리는 분은 하나님이십니다. 우리는 다만 아론처럼 복음의 향을 부지런히 피울 뿐입니다.

> "이 사람에게는 사망으로부터 사망에 이르는 냄새요 저 사람에게는 생명으로부터 생명에 이르는 냄새라 누가 이 일을 감당하리요"(고후 2:16)

적용하기 : 당신은 죽은 자와 산 자 사이에서 산다는 생각을 가져본 적이 있습니까? 당신은 어떻게 죽은 자들에게 복음의 향을 피울 수 있겠습니까?

하나님의 마음 :

이스라엘 백성들의 반역에 하나님의 마음은 처참하게 찢어지셨을 것 같습니다. 우리는 최소한 고라의 반역에는 동의할 수 없어야 합니다. 당신은 고라입니까, 모세입니까?

오늘 받은 은혜 :

전체적으로 당신이 받은 은혜와 느낌을 기록해보십시오.

실천을 위한 도전 : (기도하여 성령님의 인도하심을 받으십시오.)

당신은 심정적으로라도 하나님의 마음을 이해하지 못하고 당신 마음대로 나간 적이 있었습니까? 무엇부터 바꾸어야 할지 한 가지 실천사항을 발견하고 실행하기 바랍니다.

17
아론의 싹 난 지팡이
민수기 17:1~13

본문 개론

16장에서 고라의 반역 사건 후에 누가 하나님의 위탁을 받은 지도자인가에 대해 하나님께서 확실하게 못 박으려고 하십니다. 열두 지파 지도자들의 지팡이를 하나씩 가져오는데 각 지팡이마다 주인의 이름을 새기게 했습니다. 대개는 열두 지파에 레위 지파는 빠지지만 이번에는 하나님의 권위를 나타내기 위해 포함시키셨습니다. 레위 지파에는 아론의 이름이 새겨졌습니다. 그렇게 열두 지파의 지팡이를 언약궤 앞에 두었다가 이튿날 지팡이들을 가지고 나와 보니까 다른 지팡이들은 당연히 아무런 변화도 없는데 아론의 지팡이에만 싹이 나고 꽃이 피고 살구열매까지 열렸습니다. 암흑 상태인 지성소에서 기적이 일어난 것입니다. 하나님께서 아론에게 제사장의 거룩한 직무를 맡기신 것이 확인되었습니다. 그리고 다시 언약궤 앞에 가져다 놓고 반역한 자들에게 표징이 되게 하셨습니다. 그런데 이번에는 백성들이 두려움에 싸여서 비명을 질러댑니다. 이제 다 망하게 생겼다는 것입니다. 새삼스럽게 성막에 나가면 다 죽게 생겼다는 것이었습니다.

열두 개의 지팡이를 증거궤 앞에 두다. (1~7)

아론의 지팡이만 싹이 나고 열매를 맺다. (8)

아론의 지팡이를 증거궤 앞에 간직하다. (9~11)

백성들이 두려움에 질리다. (12~13)

본문 적용

믿음은 무조건 담대하게 믿는 것으로는 부족합니다. 믿음의 정확한 성격을 알아야 바른 믿음을 가질 수 있습니다. 하나님은 고라의 사건을 계기로 백성들에게 잠재되어있던 불순종과 반역의 마음을 확실하게 정리하기 위해 아론의 지팡이에만 싹이 나게 하셨습니다. 이것은 하나님의 능력으로 사망이 생명으로 바뀐 것이며 이스라엘 백성들의 존재의 근거를 밝혀주시는 선물입니다. 그런데 이것이 오히려 백성들의 마음을 괴롭게 만들었습니다. 하나님은 지도자를 세우시고 성막을 통하여 백성들과의 관계를 새롭게 하시려는 것이었습니다. 그런데 백성들은 하나님을 올바르게 알지 못했을 뿐만 아니라 자기들의 죄의 정체에 대해서도 전혀 깨닫지 못했습니다. 한마디로 하나님을 믿지 못했던 것이었습니다. 우리는 여러 가지 체험과 말씀을 통해서 하나님에 대하여 올바르게 알기 위해 애를 써야 합니다. 그렇지 않으면 평생을 믿고도 구원받지 못할 수 있습니다.

❶ 싹이 나고 있습니까?

핵심구절 : "그 지팡이를 회막 안에서 내가 너희와 만나는 곳인 증거궤 앞에 두라 내가 택한 자의 지팡이에는 싹이 나리니 이것으로 이스라엘 자손이 너희에게 대하여 원망하는 말을 내 앞에서 그치게 하리라 모세가 이스라엘 자손에게 말하매 그들의 지휘관들이 각 지파대로 지팡이 하나씩을 그에게 주었으니 그 지팡이가 모두 열둘이라 그 중에 아론의 지팡이가 있었더라"(민 17:4~6)

메마른 지팡이에서 싹이 나고 꽃이 피고 열매까지 열리는 일은 있을 수가 없습니다. 자연 상태에서라도 단시간에 이렇게 될 수는 없습니다. 하나님은 이런 일을 하시기 전에 이미 이렇게 되리라는 것을 명백하게 말씀해주셨습니다. 그래야 하나님께서 하신 일이라는 사실을 믿고 순종할 수 있기 때문입니다. 이것은 사망에서 생명으로, 죽음에서 부활로, 죄인에서 의인으로, 지옥에서 천국으로 영원히 바뀔 수 있는 길을 열어주신 것입니다. 구약의 제사를 통해서도 이런 역사를 엿볼 수 있지만, 이것을 완전하게 성취하신 분은 바로 예수 그리스도이십니다. 마른 지팡이에서 꽃이 피고 살구 열매가 맺힌 것은 물론 백성들에게 하나님의 뜻을 나타내시기 위한 기적이었지만, 오늘날 신약 성도들에게는 이것이 놀라운 선물이 되어야 합니다. 왜냐하면 참 살구열매이신 예수님께서 이 일을 우리를 통하여 이루어주실 것이기 때문입니다. 예수님께서 스스로 죽으셨다가 부활하시고 승천하신 것이 바로 아론의 지팡이에서 일어난 일과 같은 것입니다. 이 기적을 구약의 어느 때에 일어난 역사적 사건으로만 보아서는 안 되는 이유인 것입니다.

우리의 신앙에는 싹이 나야 합니다. 꽃도 피어야 합니다. 열매도 거두어야 합니다. 그것이 그리스도를 통하여 싹 난 지팡이의 선물을 베풀어주신 목적입니다. 구약의 그 어떤 사건이든지 신약 시대에는 실체적으로 나타나야 합니다. 과거의 단회적 사건으로 본다면 예수님의 십자가 사건조차도 과거의 지나간 사건에 그칠 수 있습니다. 그러나 십자가 사건이 우리의 신앙 현실에서 날마다 일어나야 하는 것과 마찬가지로 아론의 싹 난 지팡이도 오늘날에 우리에게 고스란히 드러나야 합니다. 그래서 날마다 마른 지팡이와 같은 우리에게서 싹이 나고 잎이 나고 꽃이 피고 열매가 열려야 한다는 것입니다. 안타깝게도 이런 개념이 우리에게 결여되어 있습니다. 우리를 통하여 새로운 영적 생명들이 계속해서 나타나야 합니다. 단순히 전도와 교회에 데려오는 것을 말하는 것이 아닙니다. 우리의 삶을 통하여 복음이 드러나고 그 복음을 받는 사람들 중에서 새 생명이 싹터야 하는 것을 말합니다. 아론의 지팡이가 어디에서 싹이 났습니까? 언약궤 앞에서였습니다. 그곳은 하나님의 임재가 가장 강하게 나타나는 곳입니다. 우리는 지금 어디에 있습니까? 우리가 언약궤 앞에 서있는 사람들입니다. 우리 속에는 성령님께서 영원토록 임재하고 계시기 때문입니다. 우리가 순종하고 우리를 내어드리기만 하면 반드시 우리를 통하여 싹이 나고 꽃이 피며 열매가 맺힐 것입니다.

"이 복음이 이미 너희에게 이르매 너희가 듣고 참으로 하나님의 은혜를 깨달은 날부터 너희 중에서와 같이 또한 온 천하에서도 열매를 맺어 자라는도다"(골 1:6)

적용하기 : 한 영혼을 믿게 만드는 일을 굉장히 어려워합니다. 다만 순종만 하면 어떤 식으로든 열매를 주십니다. 당신에게 열매가 부족한 이유들을 이야기해보십시오.

❷ 죽고 망합니까, 살고 흥합니까?

핵심구절 : "이스라엘 자손이 모세에게 말하여 이르되 보소서 우리는 죽게 되었나이다 망하게 되었나이다 다 망하게 되었나이다 가까이 나아가는 자 곧 여호와의 성막에 가까이 나아가는 자마다 다 죽사오니 우리가 다 망하여야 하리이까"(민 17:12~13)

이스라엘은 몇 번이나 죽고 망해도 진정한 회개가 일어나지 못했습니다. 살아나려면 죽고 망해야 하지만 이들은 죽고 망해도 살아나지 못하고 여전히 죽겠다고 아우성칩니다. 어떻게 된 일일까요? 아무리 둔한 사람이라도 그 정도 되면 하나님을 믿을 것입니다. 그런데 이들은 아직 하나님을 믿지 않고 있습니다. 물론 전체적인 틀 안에서 보면 이들은 하나님께서 구속하신 이스라엘 백성들입니다. 그러므로 하나님께 속한 사람들이라고 할 수 있습니다. 그런데 이스라엘 백성들 중에서 하나님을 믿는 사람들은 모세와 아론, 여호수아와 갈렙 정도밖에 없는 것 같습니다. 하나님은 마지막으로 제사장의 권위를 아론에게 주셨다는 확실한 증거로 아론의 지팡이에 살구열매를 맺히신 것입니다. 그런데 백성들은 이것을 보고도 오히려 불평합니다. 모세의 믿음과 무슨 차이가 있는 것일까요?

우리는 죽었고 망했는데도 참된 믿음을 가지지 못하게 만드는 원인을 살펴보아야 합니다. 우선 백성들은 모든 것을 감정적으로만 대했습니다. 극도로 공포에 질리거나 화가 난 상태이거나 슬픔의 극치를 맛보고 있거나 아니면 뭔가 억울한 마음이 가득했던 것입니다. 그런 상태에서는 죽음에서 살아난다고 해도 그 감정을 다스릴 수가 없습니다. 둘째로는 백성들이 순전히 자기이익만을 중심으로 생각했다는 것입니다. 자기에게 유리한가 불리한가, 이익이 되는가 손해가 되는가 등에만 초점을 맞추어서 그 기준으로 하나님을 바라보았습니다. 완전히 갓난아기 수준입니다. 셋째로는 그들의 의식은 아직까지 애굽에서의 수준이라는 것입니다. 그들은 가나안 땅을 정복하고 거기에서 풍요롭게 살 수 있는 의식이 갖추어지지 않았습니다. 이것을 모세와 비교하면 모세는 감정을 극복하기 위해 사건을 만나면 엎드리거나 하나님을 먼저 찾습니다. 모세는 자기 이익이 아니라 순전히 하나님의 영광과 백성들의 유익을 위해서 일합니다. 백성들의 의식수준이 애굽 수준이라면 모세의 수준은 가나안을 넘어서 하나님께서 직접 다스리시는 영원한 세상을 추구한다는 것입니다. 하나님은 이런 의식수준을 오늘 우리들에게 요구하고 계십니다.

"형제들아 내가 그리스도 예수 우리 주 안에서 가진 바 너희에 대한 나의 자랑을 두고 단언하노니 나는 날마다 죽노라"(고전 15:31)

적용하기 : 당신이 아직 제자(사도)들의 의식수준에 도달하지 못한 이유는 무엇이겠습니까? 가장 큰 장애는 무엇입니까?

하나님의 마음 :

사람과 교제하기 위해 하나님의 형상을 우리에게 주셨음에도 우리는 하나님을 크게 오해할 때가 많습니다. 당신이 가장 크게 오해하고 있는 것은 무엇이겠습니까?

오늘 받은 은혜 :

전체적으로 당신이 받은 은혜와 느낌을 기록해보십시오.

실천을 위한 도전 : (기도하여 성령님의 인도하심을 받으십시오.)

우리에게는 이미 아론의 싹 난 지팡이를 주셨습니다. 당신이 아직도 싹 난 지팡이를 받아들이지 못하게 하는 요소 중에서 한 가지를 택하여 버리기 바랍니다.

18
제사장과 레위인의 직무
민수기 18:1~32

본문 개론

마치 고라의 반역에 대한 응답과도 같은 말씀입니다. 고라가 레위인으로서 제사장의 자리를 탐하여 다른 사람들을 선동한 모습을 경계하기 위한 내용입니다. 또한 앞장의 마지막 호소와도 통합니다. 분명히 성막에 가까이 가면 죽게 되지만 제사장이 그 죄를 담당하게 하심으로써 여호와의 진노가 미치지 않게 되는 것입니다. 제사장에게도 영예가 큰 만큼 책임도 막중하다는 사실을 일깨워주십니다. 본장은 민수기 2~3장과 레위기 6장에 이미 주신 내용입니다. 하나님은 아론이 할 일과 레위인들의 도움에 대해서 지시하셨고, 그 다음에 제사장들이 하나님께 드려지는 제물들 중에서 거제와 요제로 드린 것들을 받게 될 것을 말씀하셨으며, 또한 레위인들이 백성들의 십일조를 보상으로 받게 될 것이고, 레위인들이 그렇게 받은 십일조 중에서 다시 십일조를 떼어 제사장들에게 바치도록 했습니다. 제사장들과 레위인들의 직무를 더 명확하게 하시고 신분적인 구별을 더욱 확실하게 해주셨습니다.

제사장과 레위인의 직무를 구별하시다.   (1~7)

제사장들이 받을 몫을 정하시다.   (8~20)

백성의 십일조를 레위인에게 주시다.   (21~24)

레위인의 십일조를 제사장에게 주시다.   (25~32)

본문 적용

  제사장들에게는 백성들이 바치는 모든 거제물과 요제물, 화제
가 아닌 지성물 및 속죄제와 속건제와 화목제물의 좋은 것, 첫 수
확물과 특별헌물, 초태생의 속전 등이 주어졌습니다. 제사장들은
그들의 죄와 성막의 죄를 담당함으로써 높은 영예와 함께 무거운
책임이 따른다는 사실을 생각하고 자기를 내세우면 안 됩니다. 레
위인들에게도 고유한 직무와 함께 합당한 보상으로 하나님의 일
에 전념할 수 있도록 하셨습니다. 단순히 누구에게 어떤 보상과 기
업이 돌아가느냐에 대한 상세한 안내가 아니라 이스라엘 백성들의
전체적인 공동체의 구조를 말씀하심으로써 각자가 자기 직위에서
맡은 바 모든 사명을 감당해야 하나님의 나라 이스라엘이 온전해
진다는 것입니다. 그러므로 자기의 직무와 관련하여 불만을 가질
것도 없고 원망하거나 불평할 것도 없다는 말씀입니다. 누구든지
혼자로는 존재할 수가 없습니다. 오늘날에도 주어진 사역이나 사
명을 행할 때 하나님을 유산으로 삼고 충실하게 잘 감당하여 선한
열매를 많이 거두어야 할 것입니다.

❶ 여호와의 선물

핵심구절 : "이와 같이 너희는 성소의 직무와 제단의 직무를 다하라 그리하면 여호와의 진노가 다시는 이스라엘 자손에게 미치지 아니하리라 보라 내가 이스라엘 자손 중에서 너희의 형제 레위인을 택하여 내게 돌리고 너희에게 선물로 주어 회막의 일을 하게 하였나니 너와 네 아들들은 제단과 휘장 안의 모든 일에 대하여 제사장의 직분을 지켜 섬기라 내가 제사장의 직분을 너희에게 선물로 주었은즉 거기 가까이 하는 외인은 죽임을 당할지니라"(민 18:5~7)

하나님께서 주신 모든 것은 하나님의 선물임을 알아야 합니다. 아무리 영광스러운 일이나 지위를 소유해도 자기의 노력으로 되는 것만은 아닙니다. 우리는 하나님께서 맡겨주신 모든 일에 합당한 사람들이 못 됩니다. 본문에 보면 성막 앞에서는 누구나 죽을 수밖에 없는데 그 일을 제사장들이 맡아서 감당해야 합니다. 그런데 하나님의 성막의 일, 또는 성소와 지성소의 일에 맞을 만큼 거룩한 사람이 세상에 있습니까? 전혀 합당하지 못하지만 하나님께서 아론과 그 아들들을 지명하셔서 그 일을 맡겨주신 것입니다. 남들보다 잘난 것이 아닙니다. 그렇게 불러주셔서는 백성들을 위하여 각종 제사를 담당하게 해주셨습니다. 제사장의 직분을 하나님은 선물이라고 말씀하십니다. 선물로 받은 것이기 때문에 그것을 자랑하거나 교만하지 말라고 하시는 것이고, 선물로 받았다고 해서 가볍게 생각하고 그 일에 소홀히 하거나 손상이 있게 한다면 백성들보다 훨씬 엄격하게 징계를 내리실 수밖에 없는 것입니다.

그런 의미에서 하나님은 레위인들을 제사장들에게 선물로 주셨다고 말씀하십니다. 어떻게 사람이 선물이 될 수 있겠습니까? 그것은 하나님의 거룩한 일을 몇 사람의 제사장으로서는 감당할 수 없기 때문에 제사장을 돕는 선물로 주신 것입니다. 직분과 직위도 하나님께서 선물로 주시지만 그 직무를 감당할 수 있도록 돕는 손길 또한 선물로 주십니다. 그러면 레위인은 어떻게 되는 것입니까? 레위인들에게도 똑같이 원리로 하나님께서 선물로 맡겨주신 직무가 있고 그것을 감당할 수 있도록 모든 것을 책임져주시는 선물을 주셨습니다. 이 선물을 오해하니까 고라의 반역이 일어나게 되는 것입니다. 우리 그리스도인들이 받은 것은 전부 선물입니다. 구원, 죄 사함, 거듭남, 은혜, 사랑, 천국, 동행, 임재, 변화, 성장 등 하나님의 선물 아닌 것이 하나도 없습니다. 다른 세상 것에 기웃거리지만 않는다면 그 선물은 온전히 우리의 것이 됩니다. 믿음이 없어서 자꾸 다른 소망을 가진다면 그 선물도 온전한 것이 될 수 없습니다. 하나님의 선물은 순전히 우리가 하는 대로 우리의 것이 되기도 하고 날아가 버리기도 하는 것입니다. 하나님의 선물을 최우선적으로 놓고 따라간다면 이 세상의 모든 것은 전부 우리의 것이 될 것입니다.

> "이 복음을 위하여 그의 능력이 역사하시는 대로 내게 주신 하나님의 은혜의 선물을 따라 내가 일꾼이 되었노라"(엡 3:7)

적용하기 : 우리의 모든 능력과 재능도 전부 하나님의 선물입니다. 당신은 혹시 이 선물을 자기의 것으로 생각하고 자랑한 적이 없었습니까? 다른 사람을 깔보거나 무시한 적은 없었습니까?

❷ 하나님이 분깃이요 기업

핵심구절 : "여호와께서 또 아론에게 이르시되 너는 이스라엘 자손의 땅에 기업도 없겠고 그들 중에 아무 분깃도 없을 것이나 내가 이스라엘 자손 중에 네 분깃이요 네 기업이니라 … 이스라엘 자손이 여호와께 거제로 드리는 십일조를 레위인에게 기업으로 주었으므로 내가 그들에 대하여 말하기를 이스라엘 자손 중에 기업이 없을 것이라 하였노라"(민 18:20, 24)

제사장들과 레위인들에게는 이 세상에서 기업이 없을 것이라고 하셨습니다. 그것은 토지나 재산을 소유할 수 없음을 말하는 것입니다. 그 대신에 이 세상에서 먹고 살 걱정을 전혀 할 필요가 없다고 거듭 말씀하십니다. 반드시 하나님께서 책임을 지신다는 것입니다. 그리고 하나님이 기업이라고 하십니다. 온갖 것으로 다 채워져도 하나님 없으면 아무것도 아니지만 하나님만 계시면 모든 것이 우리의 것이 됩니다. 하나님은 더 좋은 것으로 주시는데, 우리가 세상의 것에 욕심을 부리지 않는다면 반드시 그렇게 될 것입니다. 예를 들여 백성들에게 10이라는 소득이 생기면 그 중에 십일조를 레위인들에 주고 9라는 소유로 살게 됩니다. 그런데 레위인들은 열두 지파에서 12라는 십일조를 받아서 그 중 1.2를 제사장들에게 드리고 자기들은 10.8이라는 생활을 하게 됩니다. 물론 단순 비교한 것이지만 이치적으로 조금도 부족하지 않게 살게 해주신다는 뜻입니다.

사실 일상의 삶에서 꼭 필요한 것은 그렇게 많지 않습니다. 더 누리고 싶은 것들은 사실상 욕심에 근거한 것들입니다. 어떤 기준에 만족하고 살 수 있다면 다른 조건들은 우리에게 별 영향을 끼치지 못합니다. 그런데 하나님께서 우리의 재산이 되어주신다면 다른 것은 별로 필요하지 않아야 합니다. 하나님께서 다 채워주시기 때문입니다. 이것을 믿게 된다면 그야말로 하나님이 나의 분깃이고 기업인 것입니다. 그리스도께서 우리를 위하여 목숨까지 주셨는데 다른 것을 아까워하시겠습니까? 그리고 하나님께 그만한 능력이 없습니까? 하나님께서 레위인을 부르셔서 거룩한 일에 전념하게 하시기 위해 생활의 염려가 없도록 하셨습니다. 그리스도인들도 구원받아 복 받고 자기들끼리 잘 살라고 부르신 것이 아닙니다. 이 세상을 향하여 레위인의 역할을 하라고 부르신 것입니다. 아기가 아무리 귀여워도 끝까지 아기로만 남아있는다면 그것을 정상이라고 할 수는 없습니다. 하나님을 우리의 분깃이요 기업으로 삼는다면 하나님은 반드시 책임지십니다. 다만 우리가 하나님만을 의지해야 합니다.

"우리는 우리 자신이 사형 선고를 받은 줄 알았으니 이는 우리로 자기를 의지하지 말고 오직 죽은 자를 다시 살리시는 하나님만 의지하게 하심이라"(고후 1:9)

적용하기 : 세상을 창조하신 하나님이 우리의 기업이라면 무엇이 걱정이 되겠습니까? 당신을 불안하게 하고 염려가 되게 만드는 일들은 어떤 것들입니까? 하나님께서 책임지실 수 없습니까?

하나님의 마음 :

사람에게 원망과 불평이 생기는 원인은 정확한 인식과 믿음이 부족하기 때문입니다. 혹시 지금 상황 중에서 원망이나 불평이 조금이라고 생기지는 않고 있습니까?

오늘 받은 은혜 :

전체적으로 당신이 받은 은혜와 느낌을 기록해보십시오.

실천을 위한 도전 : (기도하여 성령님의 인도하심을 받으십시오.)

현재 당신의 생활 속에서 얼마나 하나님만 의지하고 있습니까? 가장 의지하지 못하는 것 한 가지를 생각하여 포기하거나 회복하고 오직 하나님만을 의지하기 바랍니다.

본문 개론

시신을 만진 사람을 정결하게 하기 위한 규례인데 그 정결하게 하는 잿물의 제작 방법과 정결하게 하는 방법, 그리고 부정한데도 정결예식을 거치지 않은 사람에 대한 처리방법을 다루고 있습니다. 아직 멍에 매지 않은 붉은 암송아지를 불사르게 하되 백향목과 우슬초와 홍색 실을 함께 태워서 그 재를 진영 밖 정한 곳에 두었다가 필요할 때 사용하면 됩니다. 한편 속죄제를 위한 잿물은 수송아지가 사용되는데 특히 시신으로 인한 부정을 정결하게 하기 위해서는 암송아지를 사용합니다. 시신을 직접 접촉한 사람뿐 아니라 그 부정에 오염된 다른 사람이나 심지어 그릇과 각종 기구들까지 부정하다 선포되어 정결예식을 거쳐야 했습니다. 한편 부정한 줄 알면서도 정결예식을 치르지 않은 사람은 이스라엘의 회중에 들 수가 없고 멸망하게 되어 있습니다.

본문 구성

정결하게 하는 암송아지의 재를 만들라.   (1~10)
시신을 접촉한 자가 행할 정결 예법   (11~13)

부정한 자의 범위와 정결예법　　　　　　(14~19)

정결예식을 치르지 않은 자에 대한 심판　　(20~22)

본문 적용

하나님은 완전히 거룩하신 분이고 사람은 완전히 더러워진 죄인들입니다. 거룩하신 분이 죄로 온통 더러워진 사람과 교제하시고 인도하시고 복을 주시려면 필수적인 것이 정결케 하는 일입니다. 특히 죄의 결과로서 나타나는 죽음의 표지인 시신을 만지거나 접촉한 사람은 또다시 죄로 얼룩질 뿐만 아니라 죄의 전염성으로 말미암아 부정이 퍼질 수 있기 때문에 특별한 규례를 통하여 정결하게 하실 필요가 있었던 것입니다. 오늘날에는 그와 같이 겉으로 드러나는 예식은 없지만 우리는 이미 그리스도의 피로 말미암아 죄에서 정결하게 되어 의인이라 불리게 된 사람들입니다. 하지만 그렇다고 우리가 항상 영원히 정결한 사람인 것은 결코 아닙니다. 다만 신약시대의 그리스도인들은 심령의 죄에 오염되는 것을 최대한 막고 하나님께 예배할 때마다 스스로를 정결하게 하는 회개의 심령이 반드시 되어야 합니다. 그렇게 심령을 정결하게 하지 않으면 점점 그리스도로부터 멀어지게 될 것입니다.

❶ 셋째 날과 일곱째 날

핵심구절: "사람의 시체를 만진 자는 이레 동안 부정하리니 그는 셋째 날과 일곱째 날에 잿물로 자신을 정결하게 할 것이라 그리하면 정하려니와 셋째 날과 일곱째 날에 자신을 정결하게 하지 아니하면 그냥 부정하니 … 그 정결한 자가

셋째 날과 일곱째 날에 그 부정한 자에게 뿌려서 일곱째 날에 그를 정결하게
할 것이며 그는 자기 옷을 빨고 물로 몸을 씻을 것이라 저녁이면 정결하리라"
(민 19:11~12, 19)

하나님은 이스라엘 백성들을 정결하게 하시는 일에 굉장히 중
요한 명령을 내리십니다. 그것은 순전히 백성들을 위한 일인데 꼭
오늘 본문의 붉은 송아지의 재가 아니라도 이미 출애굽 당시부터
누룩을 넣지 않은 무교병을 지시하심으로써 부정하게 되는 일을
막고자 하셨습니다. 물론 애굽에서 급하게 탈출하기 위해서 미처
발효시킬 시간이 없어서이기도 하지만 우상숭배나 불신이나 원망
의 죄들도 전부 누룩처럼 퍼져나갈 수 있음을 강하게 경계하신 것
이었습니다. 이스라엘은 세상 모든 사람들과 나라들로부터 하나님
께서 특별하게 구별하신 족속이었고 한 민족으로 키워내신 민족이
었습니다. 그렇기 때문에 세상의 모든 우상숭배 민족들과 사람들
로부터 이스라엘은 철저하게 보호하셔야만 했습니다. 조금이라도
우상숭배로 오염되면 누룩처럼, 전염병처럼 급속하게 퍼져나갈 것
이고, 그렇게 되면 그 나라는 이스라엘이 아니라 세상 나라들과 똑
같아지는 것이기 때문입니다. 그래서 하나님은 그런 우상숭배의
누룩이 민족 안에 들어오는 것을 근원적으로 차단하기 위해서 이
방인 진멸전쟁을 명하실 때가 있었던 것입니다.

본문에서 시체를 만진 사람의 부정을 정결하게 만드는 규례를
명하신 것도 그와 같은 하나님의 사랑의 일환이라고 볼 수 있습니
다. 우상숭배의 요소뿐만 아니라 민족 안의 개인적인 정결을 위해
서 잿물을 명하신 이유도 이런 부정한 상태가 조금씩 자리 잡게 되
면 그것이 하나님을 전적으로 신뢰하지 못하게 만들고 조금씩 틈
이 벌어지면서 의심과 불신으로 확대되고 그리하여 원망과 불평으

로 폭발할 수 있기 때문인 것입니다. 오늘날의 그리스도인들에게도 예수님과의 사이에 얼마든지 이런 부정한 요소들이 발생할 수 있습니다. 이단들이 기승을 부리는 것도 이런 부정을 처리하지 못하기 때문인 것입니다. 의심까지는 아니더라도 확신하지 못하는 사람들의 마음의 틈새를 공격하는 것은 마치 부정한 상태인데도 그것을 빨리 처리하지 못한 사람들과 같이 되는 것입니다. 오늘날에 누가 시신을 만졌다고 부정하니까 예배 출석을 중지시키는 일은 있을 수 없는 이야기이지만, 우리가 접촉하는 많은 세상문화와 논리와 유혹에 귀를 기울인다면 그것은 마치 시체를 만져서 부정하게 되는 사람들과 다를 것이 없는 것입니다. 백성들이 7일간 부정하게 되고 셋째 날과 일곱째 날에 정결하게 되어야 하듯이 우리 신약교회 성도들은 셋째 날의 회개와 일곱째 날의 자유를 늘 반복하면서 그리스도인으로서의 정결함을 유지할 수가 있어야 하겠습니다. 죄 씻음과 구원은 예수님께서 주셨지만 우리에게는 그것을 유지해야 할 의무가 있습니다.

"이는 하나님의 영광의 광채시요 그 본체의 형상이시라 그의 능력의 말씀으로 만물을 붙드시며 죄를 정결하게 하는 일을 하시고 높은 곳에 계신 지극히 크신 이의 우편에 앉으셨느니라"(히 1:3)

적용하기 : 당신은 말씀에 의심이 들거나 확신이 사라질 때 어떤 식으로 해결합니까? 셋째 날에 회개하고 일곱째 날에 부정에서 자유롭게 되는 것과 연결하여 생각해 보십시오.

❷ 거룩하지 못하면

핵심구절 : "누구든지 죽은 사람의 시체를 만지고 자신을 정결하게 하지 아니하는 자는 여호와의 성막을 더럽힘이라 그가 이스라엘에서 끊어질 것은 정결하게 하는 물을 그에게 뿌리지 아니하므로 깨끗하게 되지 못하고 그 부정함이 그대로 있음이니라 … 사람이 부정하고도 자신을 정결하게 하지 아니하면 여호와의 성소를 더럽힘이니 그러므로 회중 가운데에서 끊어질 것이니라 그는 정결하게 하는 물로 뿌림을 받지 아니하였은즉 부정하니라"(민 19:13, 20)

구약 백성들이 시체를 만진 후에 부정하게 된 몸을 암송아지의 잿물로 정결하게 했듯이 신약의 성도들인 우리도 그와 같은 절차가 필요합니다. 물론 예식으로서의 절차가 아니라 우리의 심령을 깨끗하게 씻어낼 영적인 과정을 말하는 것입니다. 더 나아가서 단지 의심이나 불신의 죄뿐 아니라 몸으로 죄를 지은 경우에도 우리는 정결하게 하는 절차를 거쳐야 할 것입니다. 시체를 만진 경우와 함께 백성들이 다른 모든 죄를 씻어내기 위해 속죄제를 드리는 일과 연결하여 정결하게 되지 못했을 때 신약 성도들에게 어떤 일이 일어나겠습니까? 만약에 육체로 죄를 지은 경우에 자기 스스로는 물론이고 공동체나 교회 안에서 정결하게 하는 절차를 거치지 못했다면 그 사람 개인이나 공동체는 점점 더 틈이 벌어지고 결국 함께하지 못하게 되거나 아니면 서로 나누이게 되는 결과로 이어질 것입니다. 부정을 정결하게 하지 않고 그대로 용납하면 결국 분열되기 때문에 구약에서는 그런 사람을 내쫓거나 심판을 내리게 되는 것입니다.

원리적으로 신약시대에도 동일하게 적용되어야 합니다. 시체를 만질 때가 있듯이 신약시대에도 죄를 짓거나 마음속의 의심을 가질 때가 있습니다. 이때 하나님의 자녀로서 복된 자리를 지킬 수도 있고 예수님으로부터 점점 멀어지고 교회에서도 멀어져서 결국 세상 사람과 똑같아질 수도 있습니다. 교회 공동체 전체의 시각에서 바라보기 이전에 개인적으로 얼마나 큰 차이가 있는지 모릅니다. 누구라도 죄를 짓거나 허물을 보일 때가 있습니다. 그럴 때 마치 구약 백성들이 붉은 송아지의 잿물로 정결하게 했듯이 우리는 진정한 회개와 공개적인 고백 등을 통하여 또다시 회복하는 일들을 거칠 수가 있어야 합니다. 그것이 성도 자신과 교회공동체가 훼손되지 않고 더욱 하나님의 나라를 이루어나갈 수 있는 비결이 될 것입니다.

"만일 그들의 말도 듣지 않거든 교회에 말하고 교회의 말도 듣지 않거든 이방인과 세리와 같이 여기라"(마 18:17)

적용하기 : 당신은 교회분쟁이나 분란을 경험한 적이 있습니까? 그 시작은 어떤 것이었고 그것이 확산되는 데에는 어떤 과정이 있었습니까? 지금이라면 어떻게 하겠습니까?

하나님의 마음 :

하나님은 개인의 정결을 통하여 공동체의 정결을 향하여 나아가십니다. 한국
교회를 바라보고 계시는 하나님의 마음이 어떻겠습니까?

오늘 받은 은혜 :

전체적으로 당신이 받은 은혜와 느낌을 기록해보십시오.

실천을 위한 도전 : (기도하여 성령님의 인도하심을 받으십시오.)

당신의 영성은 공동체에 어떻게 영향을 끼치고 있습니까? 바꾸거나 되돌리거
나 버려야 할 것 한 가지를 생각해보십시오.

20
원망과 모세의 불순종

민수기 20:1~29

본문 개론

신 광야는 약 38년 전에 가나안에 정탐꾼을 파송하고 나서 백성들의 원망으로 전부 광야에서 죽으리라는 하나님의 징계를 받았던 곳이었습니다. 백성들은 심각한 원망으로 40년 가까이 광야에서 이리저리 맴돌며 마치 미궁 속을 헤맨 것 같은 고통을 겪은 끝에 다시 신 광야로 돌아왔습니다. 정상적인 궤도에 진입하기까지 오랜 세월을 보냈습니다. 이곳에서 모세의 누나 미리암이 죽습니다. 그런데 그곳은 마실 물이 없는 지역이었습니다. 현재의 후세대 백성들이 자기 아버지 세대와 똑같이 원망과 불평을 해댑니다. 하나님은 반석에 물을 내라고 명하라고 하셨는데 모세는 백성들에게 분노하여 지팡이로 두 번 내리침으로써 가나안 입성의 길이 영영히 막혀버렸습니다. 그 후 야곱의 형 에서의 후손들이 에돔 땅을 지나가려는데 길을 막고 거부합니다. 에서의 후손들에게 야곱의 후손들은 부정적으로 각인되었던 것 같습니다. 그 후 호르산에서 아론이 아들 엘르아살에게 대제사장직을 위임하고 죽게 됩니다.

본문 구성

신 광야 가데스에서 미리암이 죽다.　　　　　　(1)

물이 없어 원망할 때 하나님이 명하시다.　　　(2~8)

모세가 지팡이를 두 번 치며 불순종하다.　　　(9~11)

가나안에 들어가지 못하도록 징계하시다.　　　(12~13)

에돔이 이스라엘의 통과를 거부하다.　　　　　(14~21)

아론이 죽고 엘르아살이 대제사장이 되다.　　(22~29)

본문 적용

이스라엘 민족의 죄라기보다는 모든 인간들의 죄에 대한 반응인 것 같습니다. 아버지 세대가 그렇게 하나님을 원망하다가 광야에서의 멸망이라는 징계를 받았음에도 여전히 같은 반응을 보입니다. 심지어 하나님은 아버지 세대가 40년을 방황할 것이라고 하셨기 때문에 이제 가나안 입성까지는 얼마 남지 않았는데도 그랬습니다. 아무튼 모세와 아론은 백성들에게 반응하지 않고 하나님께 엎드려 응답을 받았는데 모세는 어찌 보면 작은 실수로 하나님의 지시에 불순종하게 됨으로써 모세 역시 다른 백성들처럼 가나안에 들어가지 못하게 되고 말았습니다. 목적지로 가는 길에 열두 지파의 아버지 야곱의 형인 에서의 후손 에돔의 거주 지역을 지나가야 하지만 거절당하고 호르산에서 아론이 죽는 것이 본장의 기록입니다. 우리는 좀 더 명확하고 실체화된 믿음을 필요로 합니다. 막연하게 나에게 복을 주실 것이라는 믿음은 실체화된 믿음이 아닙니다. 불리하면 떠날 수도 있는 믿음이기 때문입니다. 참된 믿음은 환경이나 상황이나 또는 감정까지도 하나님과의 관계에 영향을 끼치지 못하도록 할 수 있어야 확보되는 것입니다.

❶ 여호와의 징계

핵심구절 : "지팡이를 가지고 네 형 아론과 함께 회중을 모으고 그들의 목전에서 너희는 반석에게 명령하여 물을 내라 하라 네가 그 반석이 물을 내게 하여 회중과 그들의 짐승에게 마시게 할지니라 … 모세가 그의 손을 들어 그의 지팡이로 반석을 두 번 치니 물이 많이 솟아나오므로 회중과 그들의 짐승이 마시니라 여호와께서 모세와 아론에게 이르시되 너희가 나를 믿지 아니하고 이스라엘 자손의 목전에서 내 거룩함을 나타내지 아니한 고로 너희는 이 회중을 내가 그들에게 준 땅으로 인도하여 들이지 못하리라 하시니라"(민 20:8, 11~12)

영예 뒤에는 무거운 책임이 뒤따릅니다. 백성들은 수없이 원망하고 불평하고 반역하고 심지어 돌려 치려고까지 했을 때에는 하나님께서 광야에서 죽는 징계를 내리셨는데, 모세가 딱 한 번 말로 명한 것이 아니라 지팡이로 두 번 친 것 때문에 그렇게 소원하고 바라던 가나안 땅에 들어가지 못하게 하시는 징계를 내리셨습니다. 하나님은 왜 징계하지 않을 수 없으셨을까요? 몇 가지 미루어 생각할 수 있겠습니다. 우선은 물론 말로 명하라고 하셨는데 모세가 지팡이로 두 번 반석을 내리친 것입니다. 명백한 불순종입니다. 또 한 가지는 하나님께서 이미 백성들을 나무라셨는데 모세가 지나치게 자기감정을 내세워 백성들을 나무랐다는 것입니다. 그리고 분노하여 그렇게 되었겠지만 마치 자신의 능력으로 물을 낼 수 있는 것처럼 말했습니다. 그리고 그런 행위들을 모든 백성들이 보는 앞에서 행함으로써 하나님의 영광을 가려버렸습니다. 또한 지팡이를 가져가라고 하신 것은 백성들에게 믿음을 더하여 주시기 위함이었지만 모세는 오히려 하나님의 말씀보다 순간적으로 지팡이의 능력을 더 믿은 것 같은 결과가 되고 말았습니다. 그래서 하나님은 모세와 아론이 하나님을 믿지 않았다고 하시고 온 백성들 앞에서 행한 것에 대해 징계하시는 것이었습니다.

물론 이 징계는 불이 내리거나 염병에 걸리거나 지진으로 땅속에 빠지거나 백성들에 의해 돌에 맞는 그런 징계는 아닙니다. 그러나 약속의 땅 가나안에 들어가지 못하게 하시는 것은 모세에게는 가장 큰 징계였을 것입니다. 모세가 이런 점을 조금이라도 고려했다면 결코 그런 불순종은 저지르지 않았을 것입니다. 우리가 여기에서 생각해볼 것은 결국 모세의 죄는 하나님의 한마디 말씀 곧 하나님을 믿지 않았다는 것입니다. 모세의 죄를 분석한 여러 가지 모양들은 단지 불신의 죄에서 파생된 죄들일 뿐입니다. 다 한 가지 죄라는 말입니다. 우리가 혹시 일시적일지라도 불신과 불순종의 죄를 범하게 된다면 모세와 같은 징계까지는 아니라도 분명히 어떤 형태로든 징계하신다는 사실을 알아야 합니다. 그 징계가 하나님께서 직접 내리시는 것이 아닐 때도 많을 것입니다. 그 불신과 불순종 때문에 하나님께서 우리를 통하여 또는 우리를 위하여 계획하신 일들이 성취되지 못하거나 또는 늦게야 이루어질 수도 있을 것입니다. 우리가 지금 현재에 머물러 있는 것이 우리가 미처 깨닫지 못하는 사이에 저질러진 불신과 불순종 때문일 가능성이 아주 크다는 사실을 알아야 하겠습니다.

"무릇 징계가 당시에는 즐거워 보이지 않고 슬퍼 보이나 후에 그로 말미암아 연단 받은 자들은 의와 평강의 열매를 맺느니라"(히 12:11)

적용하기 : 하나님의 징계라고 여겨질 만한 일을 만나 적이 있습니까? 거기에 대해 어떻게 반응했습니까? 하나님의 사랑에 감사했습니까, 아니면 원망했습니까? 다음에는 어떻게 하겠습니까?

❷ 복된 죽음

핵심구절 : "너는 아론과 그의 아들 엘르아살을 데리고 호르산에 올라 아론의 옷을 벗겨 그의 아들 엘르아살에게 입히라 아론은 거기서 죽어 그 조상에게로 돌아가리라 모세가 여호와의 명령을 따라 그들과 함께 회중의 목전에서 호르산에 오르니라 모세가 아론의 옷을 벗겨 그의 아들 엘르아살에게 입히매 아론이 그 산꼭대기에서 죽으니라 모세와 엘르아살이 산에서 내려오니 온 회중 곧 이스라엘 온 족속이 아론이 죽은 것을 보고 그를 위하여 삼십 일 동안 애곡하였더라"(민 20:25~29)

어떤 죽음이 가장 복된 죽음일까요? 모세와 더불어 아론은 신 광야에서 물을 얻기 위해 모세가 지팡이로 반석을 두 번 치는 불신과 불순종의 죄로 인하여 가나안에 들어가지 못하게 되었습니다. 허물이 없을 수는 없겠지만 아론은 출애굽 직후의 금송아지 사건과 같은 엄청난 죄를 범하기는 했어도 일평생 모세와 함께 하나님께 충성했고 또 대제사장의 직분을 훌륭하게 수행했었습니다. 그럼에도 불구하고 마지막의 한 가지 사건으로 인하여 가나안의 복을 누리지 못했습니다. 그러나 그렇다고 하여 아론의 일생이 실패한 것이거나 행복하지 못했다고 말할 수는 없습니다. 왜냐하면 가나안 입성만 빼면 모든 것이 최후의 순간까지 충실하게 이루어진 것이기 때문입니다. 우선 그들은 열조에게로 돌아갔다고 했습니다. 이것을 오늘날의 시각으로 본다면 그것은 부활신앙입니다. 이스라엘 백성들에게 부활신앙이 있었던 것은 아니지만 그들은 개인의 구원보다는 민족 공동체 안에서의 자신의 존재가치를 생각했기 때문입니다. 이것은 죽음이 소멸이 아니라 또 다른 형태로 존재한다는, 오늘날로 하면 일종의 영생의 개념이라고 할 수 있습니다. 재앙으로 인한 죽음이 아니라 대제사장으로서의 사명을 다하고 죽은 것이기 때문에 그것은 복된 죽음인 것입니다.

한편 아론의 죽음은 하나님께서 미리 말씀하셨으며 구체적으로 죽어야 할 때와 상황과 지역을 정해주신 죽음이었습니다. 자연사이기는 해도 하나님께서 간섭하시고 때가 되어 직접 데려가신 것과 같다는 말입니다. 사실 이것이 얼마나 복된 죽음인지 모릅니다. 일평생 하나님께 순종하고 충성한 사람에게만 이런 복이 주어질 것입니다. 아론의 죽음이 복된 것이라는 또 다른 확실한 증거는 그의 대제사장 직분이 훌륭하게 아들에게 이어졌다는 것입니다. 모세를 비롯하여 아들 엘르아살과 아마도 백성들의 지도자들도 함께한 이 죽음의 장면 앞에서 하나님의 계획과 섭리는 영원하다는 위안을 얻었을 것이고 백성들은 하나님께서 계속하여 인도하신다는 증거로 생각하고 믿음을 지속하게 될 것입니다. 모세 또한 자신의 손으로 안수하여 세운 대제사장 직분이 그 아들에게로 무사히 옮겨진 것에 대해 일종의 안도감을 느꼈을 것입니다. 혹시 반감을 품고 또다시 원망하려던 사람들은 일단 대제사장 직이 이어졌으므로 다른 의도를 가질 수가 없을 것입니다. 이렇게 아론의 죽음은 모든 것이 완벽하게 연출된 하나님의 섭리였습니다. 우리도 하나님의 섭리를 따라 죽음을 맞이할 수 있다면 그보다 더 좋은 일이 어디에 있겠습니까?

"내가 진실로 진실로 네게 이르노니 네가 젊어서는 스스로 띠 띠고 원하는 곳으로 다녔거니와 늙어서는 네 팔을 벌리리니 남이 네게 띠 띠우고 원하지 아니하는 곳으로 데려가리라 이 말씀을 하심은 베드로가 어떠한 죽음으로 하나님께 영광을 돌릴 것을 가리키심이러라"(요 21:18~19上)

적용하기 : 당신은 복된 죽음에 대해서 생각해보았습니까? 그것은 하나님과의 관계와 관련하여 깊이 생각해보아야 할 문제입니다. 복된 죽음을 맞으려면 무엇을 어떻게 바꿔야 하겠습니까?

하나님의 마음 :

하나님은 사람이 어떤 삶을 살았는가에 따라 모든 것을 결정하십니다. 당신은 지금 어떤 삶을 추구하고 있습니까? 그것을 하나님께서 기뻐하시겠습니까?

오늘 받은 은혜 :

전체적으로 당신이 받은 은혜와 느낌을 기록해보십시오.

실천을 위한 도전 : (기도하여 성령님의 인도하심을 받으십시오.)

순종은 숨 막히는 것이 아니라 자연스럽고 즐거운 것이어야 합니다. 당신이 일부라도 하나님의 말씀에 순종하지 못하게 만드는 조건을 찾아서 바꾸시기 바랍니다.

21
요단강 동쪽 지역 점령
민수기 21:1~35

본문 개론

뜻하지 않게 아랏에게 공격당하고 나서 이기게 해주시면 완전히 멸하겠다는 서원기도를 따라 첫 번째 승리를 거두게 됩니다. 그러나 에돔의 저항 때문에 우회하여 사해 동쪽으로 북진하다가 어려움을 당하자 백성들이 크게 원망했고 하나님은 놋뱀을 보내셔서 많은 사람이 죽도록 징계하십니다. 백성들이 회개하고 부르짖을 때 놋뱀을 만들어 장대에 매달고 그것을 믿음으로 쳐다보는 사람들은 전부 치료를 받았습니다. 그렇게 우여곡절을 겪고 나서 마침내 진군을 계속하여 여러 지역을 거쳐서 아모리 지역에 도달합니다. 이스라엘은 아모리를 그냥 지나가기를 원했지만 남왕국의 시혼 왕이 전쟁을 걸어오자 그들을 물리칩니다. 사실 이 지역은 모압 땅이었으나(모압은 롯의 후예로 에돔처럼 공격대상이 아님) 시혼이 점령했으므로 공격하여 땅을 차지합니다. 이 지역은 사해 동쪽 지경에 해당되는데, 북진하여 갈릴리 동쪽에 위치한 아모리 북왕국 바산의 왕 옥을 치고 요단강 동쪽 땅을 먼저 차지하게 됩니다. 바산은 든든한 성을 벗어남으로서 패망하게 되었습니다.

본문 구성

가나안인 아랏의 왕을 물리치게 하시다. (1~3)

불뱀을 보내시고 놋뱀으로 치유하시다. (4~9)

계속해서 이동 경로를 기록하다. (10~20)

아모리 왕 시혼을 쳐서 점령하다. (21~24)

시혼이 강한 왕이었음을 인용하다. (25~32)

바산 왕 옥을 진멸하고 땅을 점령하다. (33~35)

본문 적용

이제 조금은 안정적인 나라가 되어 가는 것 같습니다. 최초로 아랏과 싸워서 그들을 멸하였습니다. 불뱀 사건을 겪고 나서 다시 진격하여 가나안 땅의 동쪽 지역으로 행진했는데, 중간에 최초로 우물을 파서 물을 얻습니다. 하나님을 노래합니다. 물이 없을 때마다 원망했고 기적으로 물을 얻었지만, 이제는 하나님과의 관계가 거의 정상화되었습니다. 북쪽으로 올라가면서 연속해서 승리하게 해주십니다. 사해와 요단강, 갈릴리 동쪽 지역은 원래 가나안이 아니지만 전투의 과정 속에서 주신 것입니다. 많은 인내가 필요했습니다. 이런 정복의 과정을 보면 과거에 하나님과의 관계가 곳곳에 숨어있습니다. 아모리 정복도 이미 아브라함에게 약속하신 것이었습니다(창 15:16). 에돔과 모암과 암몬을 치지 않은 것도 하나님의 지시였습니다(신 2:19). 모든 것은 하나님과의 관계이고 내가 하기에 따라 전부 달라지는 것입니다.

❶ 기쁨의 노래

핵심구절: "거기서 브엘에 이르니 브엘은 여호와께서 모세에게 명령하시기를 백성을 모으라 내가 그들에게 물을 주리라 하시던 우물이라 그 때에 이스라엘이 노래하여 이르되 우물물아 솟아나라 너희는 그것을 노래하라 이 우물은 지휘관들이 팠고 백성의 귀인들이 규와 지팡이로 판 것이로다 하였더라" (민 21:16~18上)

불뱀 사건을 겪으면서 백성들의 믿음이 다소 성장하기 시작합니다. 차츰 자기들의 죄와 부족함을 깨달은 것입니다. 최초의 승리도 맛보았고 원망의 결과의 혹독함도 경험하면서 이제는 하나님의 뜻을 따라가는 것이 무엇인가를 어렴풋이나마 느끼게 된 것 같습니다. 우리의 신앙성장의 모습과 닮아 있지 않습니까? 그러는 와중에 또 하나의 하나님의 임재하심을 겪게 되는데, 그것은 브엘에서 우물을 파고 물을 얻게 되는 사건입니다. 이것이 어떻게 대단한 사건이고 백성들이 기쁨의 노래를 부를 정도의 일이겠습니까? 순수하게 하나님의 말씀을 믿고 그대로 순종하여 땅을 파고 스스로 얻은 물이기 때문입니다. 처음입니다. 문제를 만나면 불평부터 늘어놓던 백성들이었습니다. 그러나 하나님께서 해주시던 기적이 아니라 스스로의 노력으로 순종하여 물을 얻었기 때문에 그만큼 기쁨이 큰 것이었습니다. 이전의 백성들의 수준이면 이런 일이 일어날 수가 없습니다. 그만큼 백성들의 믿음이 성장했다는 말입니다.

믿음은 계속하여 전진하게 만들어줍니다. 어떤 일에든지 하나님과 함께 하는 삶을 만들어줍니다. 비록 아직 한 번밖에 승리를 거두지는 못했지만, 브엘의 우물 사건 이후로 이스라엘은 여러 나라를 계속해서 치고 올라갑니다. 그 나라들도 소규모의 작은 성읍들이 아닙니다. 아모리 남왕국의 왕 시혼은 강한 나라였습니다. 그들은 강성하던 모압으로부터 영토를 빼앗아 점령할 정도로 강한 나라였습니다. 그들은 그 승리에 대해서 시인이 노래할 정도로 (27~30) 자부심이 대단한 나라였습니다. 이스라엘은 전쟁을 벌이고자 하지 않았습니다. 단지 조용히 지나가게 해주기만을 요청했습니다. 그리고 아모리의 북왕국 바산도 약한 나라가 아닙니다. 강한 성을 닫고 수비한다면 난공불락의 튼튼한 성입니다. 그런데 그들이 성문을 열고 먼저 전쟁을 걸었기 때문에 패배한 것이었습니다. 아무튼 백성들은 이제 하나님과 동행의 맛을 알았고 하나님의 사랑과 능력과 은혜를 깨달아 알아가고 있습니다. 그 결정적인 장면이 바로 브엘의 우물 사건이라는 말입니다. 우리의 삶 속에서 이런 기쁨을 맛보아야 합니다. 하나님의 임재와 동행을 몸으로 체험해 보아야 합니다. 감사하는 마음이 넘쳐야 합니다. 신앙이 약하면 그 어떤 것을 주어도 깨닫지 못합니다. 수시로 브엘의 우물과 같은 체험을 누려야 합니다.

"그의 영광의 힘을 따라 모든 능력으로 능하게 하시며 기쁨으로 모든 견딤과 오래 참음에 이르게 하시고"(골 1:11)

적용하기 : 당신은 삶 속에서 얼마나 자주 기쁨을 누리면서 삽니까? 혹시 당신의 눈이 아직 열리지 않아서가 아닐까요? 기쁨의 대상이 될 수 있는 일을 찾아보시기 바랍니다.

❷ 하나님의 약속

핵심구절 : "이스라엘이 아모리인의 땅에 거주하였더니 모세가 또 사람을 보내어 야셀을 정탐하게 하고 그 촌락들을 빼앗고 그 곳에 있던 아모리인을 몰아내었더라 … 이에 그와 그의 아들들과 그의 백성을 다 쳐서 한 사람도 남기지 아니하고 그의 땅을 점령하였더라"(민 21:31~32, 35)

하나님은 이미 40여 년 전에 이루어질 일을 약속해주셨습니다. 그 일이 지금 이루어지고 있는 중입니다. 적어도 38년 전에 아모리 족속을 쳐야 했으며 바산을 점령해야 했습니다. 이제 그 일이 이루어지고 있는데 그 열매를 광야 백성들의 자손들이 거두기 시작하는 것이었습니다. 다만 하나님의 약속이 늦추어져서 38년이나 지난 후에 이루어지고 있습니다. 그 옛날 가나안에 정탐꾼을 보내 전체 지역에 대한 정보들을 상세하게 가져와서 보고할 때만 해도 당장 가나안으로 들어갈 것만 같았습니다. 여호수아와 갈렙만 있었으면 문제없이 이미 가나안을 점령했을 것입니다. 그것은 하나님의 약속이었기 때문입니다. 하지만 두 사람을 제외한 열 명의 정탐꾼들은 지극히 비관적인 보고를 합니다. 원래 원망이나 불평은 급속도로 퍼져나갑니다. 긍정적으로 비전을 아무리 이야기해도 일단 원망에 사로잡히면 바뀔 수가 없습니다. 하나님의 약속이 그렇습니다. 그 약속을 믿는 사람들을 통해서만 이루어주십니다. 우리가 지금 누리고 있는 모습은 바로 우리의 믿음의 수준입니다.

하지만 여전히 이루어지지 않고 있는 하나님의 약속도 그 자리를 벗어나지만 않으면 하나님은 반드시 이루어주신다는 사실도 함께 생각해야 합니다. 이스라엘에는 모세라는 사람이 있었습니다. 백성들이 광야에서 대부분이 죽고 그 주인공들이 바뀌었지만 모세는 그대로 있었습니다. 그런데 당신을 향하신 하나님의 계획은 이미 작정되어 있었다는 사실을 알아야 합니다. 심지어 우리가 태어나기도 전에 말입니다. 이스라엘이 오늘 본문에서 아모리 족속을 멸망시키지만 이것은 하나님께서 이미 수백 년 전에 아브라함에게 약속하신 예언이 성취되는 것입니다. "네 자손은 사대 만에 이 땅으로 돌아오리니 이는 아모리 족속의 죄악이 아직 가득 차지 아니함이니라 하시더니"(창 15:16) 이미 40여 년 전에 아모리 사람들의 죄악이 가득 찼었습니다. 이렇게 늦어진 것은 백성들의 원망과 불평과 반역 때문이었습니다. 그럼에도 불구하고 하나님은 모든 것을 참아주시고 약속하신 것을 이루어주고 계십니다. 우리가 인내하기만 하면 하나님은 약속을 제 때에 다 이루어주십니다.

"그런즉 사랑하는 자들아 이 약속을 가진 우리는 하나님을 두려워하는 가운데서 거룩함을 온전히 이루어 육과 영의 온갖 더러운 것에서 자신을 깨끗하게 하자"(고후 7:1)

적용하기 : 당신이 인내하지 못하고 믿지 못하여 이루어지지 못한 일이 있었습니까? 어떻게 해야 다시 받을 수 있겠습니까?

하나님의 마음 :

하나님도 굉장히 기쁘셨을 것입니다. 그 많은 원망을 다 용서하시고 마침내 가나안 정복을 시작하셨습니다. 당신은 작게라도 하나님을 원망했습니까? 어떤 면에서 그랬습니까?

오늘 받은 은혜 :

전체적으로 당신이 받은 은혜와 느낌을 기록해보십시오.

실천을 위한 도전 : (기도하여 성령님의 인도하심을 받으십시오.)

당신이 현재 어떤 점을 버리거나 고치면 하나님께서 가장 기뻐하시겠습니까? 한 가지만 실천하십시오.

22
발락과 발람
민수기 22:1~41

본문 개론

이스라엘이 아모리 족속의 시혼과 옥을 물리치자 그 소문은 지역 전체에 퍼져나갔고, 마침 모압 인근에 모여 있는 이스라엘을 보면서 두려움에 가득 찬 모압 왕 발락은 당시 그 지역에서 소문이 나 있던 예언자 발람을 초청하여 이스라엘을 저주함으로써 위협을 피하고자 했습니다. 발람은 이스라엘 백성이 아니었지만 하나님은 그의 행적을 통하여 이스라엘을 축복하고자 하십니다. 발락의 사신들이 처음에 발람에게로 왔을 때에는 하나님의 응답을 받고 그들을 따라가지 않았지만, 두 번째에는 응답을 받고 그들을 따라갑니다. 다만 여호와께서 주신 말씀만 말할 수 있었습니다. 그런데 막상 그들을 따라갈 때에는 하나님께서 진노하시고 여호와의 사자를 보내십니다. 여기에서 유명한 발람과 나귀의 대화가 나옵니다. 여호와의 사자가 나귀에게는 보이는데 발람에게는 보이지 않은 것입니다. 하나님은 발람의 길이 사악하기 때문이라고 하십니다(32). 그리고 발람 일행이 발락에게 갔고 대접을 받고 바알의 산당으로 올라갑니다.

모압 왕 발락이 이스라엘을 두려워하다.   (1~4)

발락의 사신들이 발람에게 도달하다.   (5~8)

발람이 응답을 받아 따라가지 않다.   (9~13)

두 번째에는 응답을 받아 따라가다.   (14~20)

나귀를 통하여 발람에게 교훈하시다.   (21~33)

여호와의 말씀만 전하라고 명하시다.   (34~35)

발락이 발람 일행을 극진하게 대접하다.   (36~41)

본문 적용

일단 이 이야기는 발람이 이스라엘을 저주하든 축복하든 그것이 하나님의 사역에 아무런 영향을 미칠 수가 없다는 사실을 전제해야 합니다. 다만 하나님은 발람의 이야기를 통해서 이스라엘은 오직 하나님의 복을 받은 민족이며 그 어떤 사람이든지 저주할 수 없다는 사실을 교훈하신 것입니다. 그리고 복채이든(7) 관직이든 (17) 그 어떤 것으로 인해서도 하나님의 영감을 받은 사람들은 오직 하나님께로부터 받은 말씀 외에는 해서는 안 된다는 사실을 보여주고 있습니다. 그리고 또 하나는 하나님은 나귀를 통해서도 말씀하신다는 것입니다. 이방인인 발람도 사용하셔서 이스라엘을 축복하게 하십니다. 악인이라도 우리에게 하나님의 뜻을 대언할 수 있습니다. 하나님은 우리 주변의 어느 곳에서도 계신 분이십니다. 우리가 마음의 문을 열고 귀를 기울이지 않으면 들을 수 없습니다. 말씀만이 아니라 세상에도 귀를 기울여야 하는 것입니다.

❶ 이방인도 사용하신다.

핵심구절 : "하나님이 발람에게 임하여 말씀하시되 너와 함께 있는 이 사람들이 누구냐 발람이 하나님께 아뢰되 모압 왕 십볼의 아들 발락이 내게 보낸 자들이니이다 이르기를 보라 애굽에서 나온 민족이 지면에 덮였으니 이제 와서 나를 위하여 그들을 저주하라 내가 혹 그들을 쳐서 몰아낼 수 있으리라 하나이다 하나님이 발람에게 이르시되 너는 그들과 함께 가지도 말고 그 백성을 저주하지도 말라 그들은 복을 받은 자들이니라"(민 22:9~12)

발람은 수수께끼와 같은 인물입니다. 흔히 발람이 욕심을 떨치지 못하고 발락에게 유리한 말을 하려다가 하나님으로 인하여 실패한 것으로 이야기되고 있지만, 본문을 자세하게 읽어보면 발람은 허물이 별로 없어 보입니다. 겉으로만 하는 말일 수도 있지만 그는 "그 집에 가득한 은금을 내게 줄지라도 내가 능히 여호와 내 하나님의 말씀을 어겨 덜하거나 더하지 못하겠노라"(18)고 선포할 정도입니다. 그런데 발람은 이방인인 것이 분명합니다. 우선 이스라엘에 발람과 같은 선지자가 존재하는 일 자체가 불가능합니다. 발람은 그가 복을 빌면 복을 받고 저주하면 저주를 받는다고 소문난 사람이었습니다(6). 하나님께서 모세 외에 그런 선지자를 두신 적이 없습니다. 하나님께서 발람에게 이스라엘을 '그 백성'이라고 하신 것도 증거가 될 수 있습니다. 정상적이라면 '네 백성'이라고 해야 맞을 테니까요. 발락을 만나서는 바알의 산당에 올라서 거기에서 수송아지와 숫양 일곱 마리씩으로 제단에 드렸다고 했습니다. 이스라엘이라면 성막 외에 다른 곳에서 제물을 드릴 수가 없습니다. 또한 그는 점술을 사용하던 사람이었습니다(24:1). 그러나 발람이 하나님을 가리켜 '여호와 내 하나님'이라고 부른 것은 불가사

의하기는 합니다.

다만 발람이 이스라엘인이든 이방인이든 그것이 중요한 것이 아닙니다. 아마도 하나님은 이방인인 발람을 통하여 이스라엘에게 복을 선포하게 하시고 주변 나라들의 앞날을 예언하게 하시려는 목적으로 사용하신 것 같습니다. 여러 가지 해석을 할 수 있기 때문에 어느 것이 100%라고 단언할 수는 없지만, 하나님은 말 못하는 짐승 나귀의 입을 통해서도 우리들에게 그 뜻을 전하실 수 있습니다. 간혹 앵무새나 구관조 등에게 사람의 언어를 발음할 수 있는 능력을 주셨지만, 전혀 말을 할 수 없는 나귀를 통해서도 말씀하실 수 있었다는 사실은 우리 주변의 모든 자연현상들을 통하여 우리에게 말씀하시며 그 뜻을 펼치실 수 있다는 사실을 알려주시려는 것입니다. 물론 이스라엘에 대한 축복이 주제입니다만, 그런 과정을 통하여 먼저 우리에게 여호와의 말씀을 들을 수 있는 영적인 귀와 여호와의 사자를 볼 수 있는 눈을 말씀하시기 위한 뜻도 있습니다. 은사적인 신비의 능력을 말하는 것이 아닙니다. 아버지의 마음을 품을 수 있는 영성을 말하는 것입니다. 귀를 기울여보십시오.

"그러므로 회개에 합당한 열매를 맺고 속으로 아브라함이 우리 조상이라 말하지 말라 내가 너희에게 이르노니 하나님이 능히 이 돌들로도 아브라함의 자손이 되게 하시리라"(눅 3:8)

> **적용하기** : 우리는 오직 하나님의 말씀만을 기준으로 하되 주신 상황을 통하여 그 말씀을 들을 수 있습니다. 당신은 모든 환경에서 하나님의 말씀과 그 뜻을 얼마나 들으려고 합니까?

❷ 네게 이른 말만 하라.

핵심구절 : "발람이 발락의 신하들에게 대답하여 이르되 발락이 그 집에 가득한 은금을 내게 줄지라도 내가 능히 여호와 내 하나님의 말씀을 어겨 덜하거나 더하지 못하겠노라 … 밤에 하나님이 발람에게 임하여 이르시되 그 사람들이 너를 부르러 왔거든 일어나 함께 가라 그러나 내가 네게 이르는 말만 준행할지니라 … 여호와의 사자가 발람에게 이르되 그 사람들과 함께 가라 내가 네게 이르는 말만 말할지니라 발람이 발락의 고관들과 함께 가니라 … 발람이 발락에게 이르되 내가 오기는 하였으나 무엇을 말할 능력이 있으리이까 하나님이 내 입에 주시는 말씀 그것을 말할 뿐이니이다"(민 22:18, 20, 35, 38)

비록 발람이 자기를 찾아온 발락의 신하들을 그 자리에서 돌려보내지 못하고 자기에게 하룻밤을 머물게 한 것을 두 번이나 반복했지만, 일단 발람에게는 다른 큰 욕심은 없었던 것처럼 보입니다. 이 본문과 계속해서 발람의 축복이 이어지는 23장과 24장까지의 일관된 주제는 '여호와께서 주신 대로 말한다.'는 것이었습니다. 발람은 무려 일곱 번이나 여호와께서 주신대로만 말한다고 강조했습니다. "하나님이 저주하지 않으신 자를 내가 어찌 저주하며 여호와께서 꾸짖지 않으신 자를 내가 어찌 꾸짖으랴"(민 23:8)라고도 말했습니다. 발람이 물욕에 눈이 어두워서 이스라엘을 저주하려고 했지만 하나님께서 막으셔서 뜻을 이루지 못하고도 챙길 것은 다 챙겼다는 이야기들은 다소 과장되거나 편향된 해석인 것 같습니다.

우리는 발람을 통하여 귀중한 하나님의 마음과 뜻을 깨닫게 됩니다. 하나님은 우리 그리스도인들을 통하여 하나님의 말씀이 정확하게 그대로 알려지기를 원하십니다. 하나님의 뜻이 정확하게 알려지지 못한다면 온전한 그리스도인, 온전한 교회가 결코 될 수 없습니다. 어떤 사실이나 지식이 정확해야 하는 것은 틀림없는 진리이지만 그 사실 속에 들어있는 하나님의 마음을 깨닫지 못한다면 그것은 성경을 아는 것이 아닙니다. 우리는 하나님의 말씀을 통하여 지금 우리가 어떻게 판단하고 결정해야 할지에 대해서 늘 고민해야 합니다. 신학사조가 문제가 아닙니다. 우리가 지금 믿는 것은 성경 말씀이 전해져 왔기 때문입니다. 2,000년 전의 신학사상이라고 해도 하나님의 말씀이 실현되는 일이라면 그것을 따라야 합니다. 하나님의 말씀은 우리가 실천하고 행하라고 주신 하나님의 뜻이기 때문입니다. 발람이 오히려 선지자입니다.

"미쁜 말씀의 가르침을 그대로 지켜야 하리니 이는 능히 바른 교훈으로 권면하고 거슬러 말하는 자들을 책망하게 하려 함이라"(딛 1:9)

> **적용하기** : 당신이 성경 말씀 중에서 그대로 실천하지 못한 가장 큰 것은 무엇입니까? 어떻게 하면 실천할 수 있겠습니까?

하나님의 마음 :
하나님은 하나님의 말씀이 우리에게 그대로 전달되고 그 뜻대로 행해지기를
원하십니다. 당신은 성경을 읽으면서 객관적으로 봅니까 아니면 주관적으로
적용하려고 합니까?

오늘 받은 은혜 :
전체적으로 당신이 받은 은혜와 느낌을 기록해보십시오.

실천을 위한 도전 : (기도하여 성령님의 인도하심을 받으십시오.)
(일반적인 해석상) 발람에게 욕심이 있었다고 해도 결국 말씀에 순종한 발람을
통하여 당신에게 없는 점을 찾아서 한 가지만 실천하십시오.

23
발람의 이스라엘 축복
민수기 23:1~30

본문 개론

발람을 어렵게 모신 발락은 가장 먼저 이스라엘 진영의 전체를 내려다볼 수 있는 산꼭대기 바알의 산당으로 데리고 가서 제물을 바치고 이스라엘을 저주하라고 하였습니다. 발람은 하나님께서 주신 말씀만을 전했는데 그것은 이스라엘은 다른 국가들과는 전혀 다른 홀로 서 있는 나라라는 것이며 그 수가 티끌과 같고 네 개로 나누어진 진영이 거대하다는 것이었습니다. 원하는 대로 되지 않자 발락은 다시 발람을 소빔 들의 비스가 꼭대기에 데리고 갔는데 여기에서도 마찬가지로 여호와께서 이스라엘과 함께 계시니 그들의 힘이 들소와 같고 이스라엘을 해할 수 있는 다른 신이 없으며 사자처럼 일어나 먹이를 삼키기 전에는 눕지 않을 정도로 강하다고 했습니다.

본문 구성

발락이 발람에게 저주를 청하다.   (1~3)
발람이 첫 번째로 예언하다.   (4~12)
발람이 두 번째로 예언하다.   (13~26)

발락이 세 번째 예언을 준비하다.　　(27~30)

본문 적용

발람의 세 번의 예언은 모두가 이스라엘이 주인공이었습니다. 그런데 그 예언은 전부 하나님께서 직접 발람에게 내리신 말씀이었습니다. 그렇다면 그것은 발람의 예언이 아니라 하나님의 말씀으로 받는다면 거의 틀림없이 우리 자신에 대한 예언이기도 할 것입니다. 그렇게 본다면 우리가 얼마나 대단한 존재인가를 생각해야 할 것입니다. 아니, 우리 자신이 뭐 대단한 존재라는 뜻이 아니라 하나님께서 우리를 지극히 사랑하시고 은혜를 주시며 변함없이 참아주시는 분이라는 말입니다. 지금까지 우리가 알던 이스라엘 백성들은 정말 쉽게 하나님을 원망하고 불평하고 반역하고 걸핏하면 죽겠다고 난리를 치는 사람들입니다. 여호와의 백성이라고 하기에는 창피할 정도로 수준이 낮은 사람들이었습니다. 그런데 하나님은 야곱의 허물을 보지 않고 이스라엘의 반역을 보지 않는다고 하십니다(21). 이것은 오늘날 그리스도인들에게 그대로 적용됩니다. 발람의 축복대로 사시기 바랍니다.

❶ 야곱의 티끌과 이스라엘의 사분의 일

핵심구절: "내가 바위 위에서 그들을 보며 작은 산에서 그들을 바라보니 이 백성은 홀로 살 것이라 그를 여러 민족 중의 하나로 여기지 않으리로다 야곱의 티끌을 누가 능히 세며 이스라엘 사분의 일을 누가 능히 셀고 나는 의인의 죽음을 죽기 원하며 나의 종말이 그와 같기를 바라노라 하매"(민 23:9~10)

발락이 발람을 바알의 산당으로 인도한 후에 그곳에서 하나님께서 말씀해주신 발람의 예언입니다. 이스라엘은 하나님께서 언약하신 대로 헤아릴 수 없이 많은 무리가 되었습니다. 발람과 발락은 이미 그 하나님의 말씀이 성취된 것을 인정하고 있었던 것입니다. 하나님은 발람의 첫 번째 예언을 통하여 하나님과 언약관계에 있는 거룩한 민족으로서의 이스라엘이 이미 주변의 다른 나라들과는 뚜렷하게 구별되는 영광과 특권을 가졌음을 말하고 나서, 열방 중의 하나로 여기지 않으셨다고 함으로써 고대세계의 모든 제국들이 자취도 없이 사라져버렸지만 이스라엘은 온갖 위험에서도 번성했을 뿐만 아니라 신약교회에서는 비교도 할 수 없을 만큼 전 세계에 하나님의 나라가 세워질 것임을 예언한 것입니다. 그것을 또 다른 표현으로 야곱의 티끌과 이스라엘의 사분의 일(네 개의 진 가운데 하나)로 표현하고 있는 것입니다. 물론 그것은 단지 숫자로서의 팽창만을 말한 것이 아니라 이스라엘의 권위와 능력이 탁월함을 말한 것입니다.

　이스라엘을 향하신 하나님의 말씀은 충분히 성취되었습니다. 물론 이스라엘은 2,000여 년 전에 멸망했고 또 다른 의미에서의 영적 이스라엘이 세워졌지만 하나님의 말씀의 의미가 그리스도를 통하여 전 세계에 이미 성취된 것을 우리는 보고 있습니다. 오늘날 복음의 영광이 희미해지면서 차츰 사라져가는 듯하여 몹시 안타깝지만, 우리 그리스도인들이 발람의 예언, 아니 하나님께서 말씀하신 그 축복의 주인공들이라는 사실을 알아야 합니다. 우리는 우리 각각의 한 사람 한 사람에게 하나님의 축복이 미치고 있다는 사실을 깨우쳐야 할 것입니다. 이미 이루어주셨고 또는 더 온전하게 앞으로 이루어주실 그 영광의 모습을 우리는 회복해야 합니다. 기독교를 종교의 문제로만 바라보지 말고 더 넓게 복음이 티끌같이 번성할 것을 꿈꾸어야 할 것입니다.

"예수께서 이르시되 내가 다른 동네들에서도 하나님의 나라 복음을 전하여야 하리니 나는 이 일을 위해 보내심을 받았노라 하시고 갈릴리 여러 회당에서 전도하시더라"(눅 4:43~44)

> **적용하기** : 복음이 야곱의 티끌 같이, 이스라엘의 사분의 일과 같이 번성하는 일은 전도와 함께 복음적 삶을 통하여 이루어집니다. 이 두 가지에 대해 당신은 어느 정도 헌신되어 있습니까?

❷ 야곱의 허물과 이스라엘의 반역

핵심구절 : "야곱의 허물을 보지 아니하시며 이스라엘의 반역을 보지 아니하시는도다 여호와 그들의 하나님이 그들과 함께 계시니 왕을 부르는 소리가 그 중에 있도다 하나님이 그들을 애굽에서 인도하여 내셨으니 그의 힘이 들소와 같도다 야곱을 해할 점술이 없고 이스라엘을 해할 복술이 없도다 이 때에 야곱과 이스라엘에 대하여 논할진대 하나님께서 행하신 일이 어찌 그리 크냐 하리로다"(민 23:21~23)

아마 발람이 가장 크게 놀란 부분은 바로 이 구절이 아닐까 하는 생각이 듭니다. 왜냐하면 여호와 하나님은 이스라엘에 아무리 큰 허물이 있고 또 반역을 일으키더라도 이스라엘을 떠나지 않으신다는 뜻이기 때문입니다. 실제로 하나님은 이스라엘의 숱한 허물과 반역에도 불구하고 끝까지 이스라엘과 함께 하십니다. 물론 우여곡절이 있었지만 그때마다 모세의 기도와 중재로 인하여 다시 돌이키셨던 것입니다. 그렇게 하나님께서 함께하신다는 것은 이미 애굽에서 인도하여 내시고 홍해를 가르신 것에서 확인된 사실이 고 또 이미 첫 번째 예언에서 입증되었듯이 야곱을 해할 점술이 없 고 이스라엘을 해칠 복술이 없다는 것입니다. 이렇게 이스라엘과 함께하시는 하나님은 모든 죄와 허물과 반역에도 불구하고 무조건 그들의 편이 되시는 것처럼 보일 것입니다. 이스라엘을 해치려는 입장에서는 그렇게 생각될 것입니다.

그러나 우리가 알다시피 하나님은 죄를 참지 못하시고 허물을 감추지 않으시는 분입니다. 그런데 어떻게 야곱의 허물과 이스라 엘의 반역을 보지 않으신다는 것일까요? 물론 이스라엘은 하나님 과 언약을 맺은 백성들입니다. 허물 많고 반역하는 그 모습 그대로 보신다는 뜻이 결코 아닙니다. 그것을 그대로 내버려두신다면 그 분은 하나님이 아니실 것입니다. 이스라엘의 하나님은 그런 분이 아니십니다. 여호와 하나님께서는 숱하게 이스라엘의 허물과 죄를 심판하셨습니다. 그러나 그 많은 제사를 통하여 끊임없이 그 죄를 사하시는 분이기도 하십니다. 하나님은 언약 백성들과의 약속을 지키시되 그들의 죄와 허물을 고쳐서 사용하십니다. 고치지 않으 면 사용하실 수가 없기 때문입니다. 이것은 구약시대에만 그런 것 은 아닙니다. 하나님은 구약에서나 신약에서나 똑같은 분입니다. 신약시대에도 하나님은 우리를 끊임없이 고쳐주십니다. 우리는 주 예수 그리스도의 피로 말미암아 단 한 번에 우리 죄를 사함 받았습 니다. 그렇다고 하여 일상생활에서 짓는 죄나 허물도 완전히 사라 진 것은 아닙니다. 구약에서 죄 사함을 얻는 제사를 끊임없이 드 렸다면 오늘날에는 날마다 우리를 깨끗하게 하는 영적 제사를 드려야 합니다. 말씀과 기도와 예배를 통하여 우리와 하나님의 사이를 가로막고 있는 모든 요소들을 회개하고 날마다 깨끗하게 해야 합니다. 구약에서나 신약에서나 하나님은 깨끗한 사람을 중요하게 사용하십니다.

"그러므로 누구든지 이런 것에서 자기를 깨끗하게 하면 귀히 쓰는 그릇이 되어 거룩하고 주인의 쓰심에 합당하며 모든 선한 일에 준비함이 되리라" (딤후 2:21)

적용하기 : 기독교의 모든 신앙예식들은 우리 죄를 발견하고 회개하여 깨끗하게 만들기 위해 드리는 것입니다. 당신은 예배를 드리거나 말씀을 읽을 때 무엇에 초점을 두고 있습니까?

하나님의 마음 :
하나님은 이방인을 통하여 하나님의 마음과 뜻을 전하려고 하십니다. 하나님
은 물건을 통해서도 말씀하십니다. 당신에게 뜻밖의 방식으로 말씀을 주신 적
이 있습니까?

오늘 받은 은혜 :
전체적으로 당신이 받은 은혜와 느낌을 기록해보십시오.

실천을 위한 도전 : (기도하여 성령님의 인도하심을 받으십시오.)
야곱의 허물과 이스라엘의 반역처럼 자기도 모르는 사이에 죄를 안고 있는 것
이 없습니까? 혹시 그것 때문에 하나님이 가려져 있는 것은 아닙니까? 한 가
지를 택하여 버리기 바랍니다.

본문 개론

24장에 가면 세 번째 예언이 나오는데, 앞의 축복에 아름다움까지 더하여 감탄하여 예언하게 됩니다. 그렇게 하여 발락과 발람은 헤어졌고 마지막으로 이스라엘과 주변 나라들의 미래를 예언함으로써 마치게 됩니다. 발람의 세 번째 축복은 앞에서와는 달리 사술을 쓰지 않고 이스라엘을 저주하려고 했으나 오히려 성령에 감동되어 이스라엘의 아름다운 미래를 예언하게 됩니다. 그리고 마지막 예언은 그야말로 앞으로 될 일에 대한 예지적인 예언이었는데 그것은 야곱의 별에 대한 예언이며 장차 도래할 메시아에 대한 예언으로서 매우 중요한 의미를 가집니다. 발람을 통하여 이스라엘을 저주하려는 발락의 악한 계획은 완전히 끝난 것 같지만, 발람은 여호와께 감동되어 예언했으면서도 자기 원래의 속성을 버리지는 못합니다. 다음 장에서 그는 이스라엘을 저주하기 위해 하나님의 계명을 철저하게 지키는 백성들을 유혹하여 계명들을 거부하도록 음행으로 유혹하게 만듭니다(25장).

본문 구성

발람이 세 번째로 예언하다.   (1~9)
발람과 발락이 헤어지다.   (10~14)
발람이 주변 세계의 앞날을 예언하다.   (15~25)

본문 적용

본장의 내용만으로는 발람의 속성을 알아채기가 어려울 것입니다. 물론 이 발람의 이야기는 이스라엘 공동체 안에서 일어난 일은 아닙니다. 오히려 이스라엘의 원수요 대적자들끼리 벌이는 악한 계획과 시도일 뿐입니다. 정작 이스라엘은 여호와의 인도하심을 받아 해야 할 일을 진행하고 있을 뿐이었습니다. 우리는 발람을 통해서, 본장에서는 뚜렷하게 나오는 것은 아니지만, 대적들은 하나님의 감동을 받아도 변화될 수 없다는 사실을 확인할 수 있습니다. 일시적으로 변화되는 것 같아도 그들은 그들만의 본성을 다시 되찾고 감동받아서 알게 된 하나님의 세계를 효과적으로 공격하게 되는 것입니다. 앞으로 발람으로 말미암아 이스라엘 백성들이 모압 여인들과 음행함으로써 무려 24,000명이 죽게 될 것입니다(25:9). 우리 주변에도 발람과 같은 사람들이 얼마든지 존재할 수 있습니다. 지금은 거룩과 세속의 구별이 뚜렷한 시대가 아니고 삶 속에서 섞여 있기 때문에 영적으로 연약한 성도는 그런 무리들과 어울리다가 유혹에 빠질 우려가 너무나도 큰 시대입니다.

❶ 아름답고 강하고 큰 복이 있도다!

핵심구절 : "그 벌어짐이 골짜기 같고 강가의 동산 같으며 여호와께서 심으신 침향목들 같고 물가의 백향목들 같도다 그 물통에서는 물이 넘치겠고 그 씨는 많은 물가에 있으리로다 그의 왕이 아각보다 높으니 그의 나라가 흥왕하리로다 하나님이 그를 애굽에서 인도하여 내셨으니 그 힘이 들소와 같도다 그의 적국을 삼키고 그들의 뼈를 꺾으며 화살로 쏘아 꿰뚫으리로다 꿇어앉고 누움이 수사자와 같고 암사자와도 같으니 일으킬 자 누구이랴 너를 축복하는 자마다 복을 받을 것이요 너를 저주하는 자마다 저주를 받을지로다"(민 24:6~9)

발람의 세 번째 예언은 앞의 두 번의 예언을 그대로 합친 것과 비슷합니다. 첫 번째 예언은 이스라엘이 여러 민족 중의 하나가 아니고 티끌같이 수효가 많고 잘 조직되어 있다고 했습니다. 두 번째 예언은 하나님이 애굽에서 인도하여 내셨고 힘이 들소와 같으며 점이나 마술로는 해할 수 없고 암사자와 수사자 같다고 했습니다. 세 번째 예언에는 여기에 더하여 지경이 아름다워 골짜기 같고 강가의 동산 같으며 침향목 같고 물가의 백향목 같고 물가에 심겨진 씨앗 같고 나라가 흥왕하겠으며 적국을 삼키며 뼈를 꺾고 화살로 꿰뚫으리라고 하였으며, 이스라엘을 축복하는 자는 복을 받고 저주하는 자는 저주를 받으리라고 하였습니다. 40여 년 동안 원망하고 불평하고 거역하고 방황하며 반역을 반복했던 이스라엘이 이제 막 가나안 정복을 시작했는데 어찌 보면 지나치게 과장하여 복을 주시는 것 같은 느낌도 들 지경입니다.

그런데 지금 이스라엘은 아모리 족속을 멸할 정도로 강해졌습니다. 가나안 여러 족속들의 눈에는 이스라엘은 여호와 하나님이 함께 함으로써 적수가 없을 정도의 강국이 되었습니다. 들소 같고 사자 같은 나라가 되었습니다. 여기에서 발람을 통하여 하나님께서 말씀하신 내용을 우리에게 어떻게 적용할 수 있을까요? 구약적인 관점으로 바라보면서 우리가 세상 속에서 이렇게 돋보여야 하고 강하게 되는 것으로 보는 것이 맞을까요? 그것이 정말 하나님께서 우리에게 주기 원하시는 복일까요? 지금 대개의 그리스도인들이 문자 그대로 해석하면서 그렇게 세상적으로 성공하고 번영하는 것이 하나님의 복인 것처럼 생각하는 경우가 대부분입니다. 우리는 하나님께서 이스라엘과 함께 하시듯이 우리의 허물을 가려주시고 우리의 기도에 무조건 응답하셔서 주변에서 해할 자가 없게 하실 것이라는 소망을 가져야 할까요? 안타깝게도 그것은 약육강식과 적자생존의 인식과 조금도 다를 것이 없는 것입니다. 물론 하나님께서 대적들에게 승리하게 하셔야 하는 것은 분명히 맞습니다. 그러나 우리의 대적들은 우리의 경쟁자들이나 우리를 박해하는 자들이 아니라 우리 눈에 보이지 않는 마귀와 악한 영의 세력입니다. 발람의 예언은 오늘날 우리에게 그렇게 성취되고 있습니다.

"우리의 씨름은 혈과 육을 상대하는 것이 아니요 통치자들과 권세들과 이 어둠의 세상 주관자들과 하늘에 있는 악의 영들을 상대함이라"(엡 6:12)

적용하기 : 당신은 지금 어떤 영적 싸움을 펼치고 있습니까? 혹시 경쟁이나 성공을 위해서 싸우고 있는 것은 아닙니까?

❷ 엎드려서 눈을 뜬 자

핵심구절 : "예언하여 이르기를 브올의 아들 발람이 말하며 눈을 감았던 자가 말하며 하나님의 말씀을 듣는 자가 말하며 지극히 높으신 자의 지식을 아는 자, 전능자의 환상을 보는 자, 엎드려서 눈을 뜬 자가 말하기를 내가 그를 보아도 이때의 일이 아니며 내가 그를 바라보아도 가까운 일이 아니로다 한 별이 야곱에게서 나오며 한 규가 이스라엘에게서 일어나서 모압을 이쪽에서 저쪽까지 쳐서 무찌르고 또 셋의 자식들을 다 멸하리로다 그의 원수 에돔은 그들의 유산이 되며 그의 원수 세일도 그들의 유산이 되고 그와 동시에 이스라엘은 용감히 행동하리로다 주권자가 야곱에게서 나서 남은 자들을 그 성읍에서 멸절하리로다"(민 24:15~19)

이스라엘에 대한 세 번의 예언을 하나님께 받은 대로 선포한 발람은 그 자신의 눈이 많이 열렸음을 자랑하는 것 같습니다. 그리고 그의 눈에 보이는 대로 말하기 시작합니다. 이것은 아마도 하나님께서 주신 말씀이 아니었을 것입니다. 발람 스스로가 본 것을 말하는 것입니다. 물론 하나님께서 열어주신 것입니다. 아무튼 발람은 자신을 가리켜 말하기를 '하나님의 말씀을 듣는 자, 지극히 높으신 자의 지식을 아는 자, 전능자의 환상을 보는 자, 엎드려서 눈을 뜬 자'라고 했습니다. 그러고 나서 주변 세상에서 미래에 될 일들을 예언으로 남겼습니다. 이스라엘의 영원한 통치자에 대한 예언, 모압과 에돔과 세일과 아말렉의 멸망 예언, 가인 족속이 앗수르의 포로가 된다는 예언, 깃딤(메소포타미아 지역)이 앗수르를 학대하고 에벨(셈 족속)을 괴롭히고 멸망하게 되는 예언 등을 쏟아냈습니다. 발람은 이런 예언들을 마치고 발락과 헤어져 돌아갔습니다.

발람은 이방인이면서도 하나님께 사로잡혀 하나님께서 주신 말씀만 예언했습니다. 예언은 두 가지입니다. 하나는 하나님의 말씀을 대언하는 것입니다. 이때의 예언(預言)은 말씀을 담는다는 뜻입니다. 다른 하나는 미래를 예측하는 예언(豫言)을 말합니다. 발람은 이 두 가지 예언을 모두 행했습니다. 그런데 이방인 발람에게도 하나님께서 말씀을 넣어주시고 눈을 열어주셨는데 그렇다면 오늘날의 그리스도인들은 어떻게 되는 것일까요? 물론 하나님은 우리에게 아들 예수 그리스도의 생명까지 주셨습니다. 예언을 넣어주신 것과는 비교도 할 수 없는 엄청난 사람들입니다. 그러나 우리에게도 발람에게 주신 것 이상으로 주셨습니다. 우리가 감았던 눈을 떴으며 하나님의 말씀을 들으며 그 지식을 알며 전능자가 주신 미래를 아는 사람들입니다. 우리는 하나님께서 주신 이런 말씀을 전하는 사람들이어야 합니다. 이방인 발람조차도 그랬습니다.

"자기 때에 자기의 말씀을 전도로 나타내셨으니 이 전도는 우리 구주 하나님이 명하신 대로 내게 맡기신 것이라"(딛 1:3)

적용하기 : 당신도 하나님의 말씀을 받아 가진 예언자입니다. 하나님은 말씀을 전하라고 주셨습니다. 얼마나 전하고 있습니까?

하나님의 마음 :
하나님은 발람을 통하여 백성들이 말씀을 듣기를 원하셨습니다. 당신에게는
어떤 말씀을 들려주실까요?

오늘 받은 은혜 :
전체적으로 당신이 받은 은혜와 느낌을 기록해보십시오.

실천을 위한 도전 : (기도하여 성령님의 인도하심을 받으십시오.)
발람의 예언 중에서 당신에게 가장 기쁨을 주는 것과 가장 부담을 주는 것을
한 가지씩 선택하여 보완할 것을 보완하고 고칠 것을 고치기 바랍니다.

25
이방인과의 음행 심판

민수기 25:1~18

본문 개론

발람의 기록에서 나타나지는 않았지만, 발람은 이후로 모압과 미디안을 도와서 이스라엘을 영적으로 혼탁하게 함으로써 여호와의 진노를 사게 만들어 멸망시키려는 전략을 꾸며낸 것 같습니다. 모압 여자들이 이스라엘 백성들을 유혹하여 음행하고 바알브올 제사에 참여하게 만들었습니다. 당연히 하나님께서는 진노하시고 거기에 참여한 자들을 죽이라고 명하십니다. 그제야 백성들이 잘못을 깨닫고 회막 문 앞에서 우는데 시므리라는 자가 미디안 여인 고스비를 데리고 오는 것이 보였습니다. 전 대제사장 아론의 손자요 현 대제사장 에르아살의 아들인 비느하스가 이것을 보고 분연히 일어나 창을 들고 따라가 한 번에 찔러죽입니다. 그런데 하나님께서 비느하스의 행동을 속죄로 삼으시고 24,000명이나 죽은 염병을 그치게 하시고 비느하스의 후손에게 영원한 제사장 직분을 약속하십니다. 이 비느하스는 제3대 대제사장이 됩니다. 하나님은 이스라엘을 유혹한 미디안을 칠 것을 명하십니다.

본문 구성

모압 여자들과의 음행을 징계하시다.   (1~5)

비느하스가 범죄자들을 처단하다.   (6~9)

비느하스가 영원한 제사장 직을 얻다.   (10~13)

처단당한 두 사람을 밝히다.   (14~15)

미디안 정복을 명하시다.   (16~18)

본문 적용

오늘날의 신앙현실과 정확하게 맞아떨어지는 마귀의 전략입니다. 여호와 하나님의 신적 권위를 체험했던 발람이지만 믿음을 얻지 못함으로 말미암아 오히려 하나님의 대적이 되는 모습입니다. 하나님의 군대와 정면으로 부딪쳐서는 승산이 없을 것임을 알고 내부적으로 신앙의 혼란과 균열을 가져오는 전략을 취합니다. 이 것이 나름대로 성공을 거두는 것 같았습니다. 어찌 되었든 이스라엘 백성들 24,000명이 죽었다고 했으니까요. 거의 군인으로서 싸울 만한 사람들이었을 테니까 타격이 컸을 것입니다. 비느하스가 격분하여 범죄하는 남녀를 죽임으로써 염병이 멈추었지만, 사실 이것은 이스라엘이 처음으로 당하는 영적 공격이었습니다. 오늘날에는 특히 마귀가 영적 공격을 할 때 직접 신앙을 건드리지 않습니다. 주변 환경이나 성적 유혹이나 물리적인 욕심이나 성공하고 싶은 욕구를 건드려서 믿음에 금이 가게 만들고 하나님과의 관계가 멀어지게 만드는 것입니다.

❶ 속죄하였기 때문이다.

핵심구절 : "제사장 아론의 손자 엘르아살의 아들 비느하스가 내 질투심으로 질투하여 이스라엘 자손 중에서 내 노를 돌이켜서 내 질투심으로 그들을 소멸하지 않게 하였도다 그러므로 말하라 내가 그에게 내 평화의 언약을 주리니 그와 그의 후손에게 영원한 제사장 직분의 언약이라 그가 그의 하나님을 위하여 질투하여 이스라엘 자손을 속죄하였음이니라"(민 25:11~13)

비느하스의 이 일은 제사장으로써 행한 일이 아니었습니다. 그런데 성소에서 속죄제사를 드린 것보다 훨씬 큰 이적을 나타냈습니다. 물론 대제사장이 1년에 한 번 대속죄일에 모든 백성들을 위하여 속죄제를 드리지만 비느하스가 행한 일은 대속죄일의 제사보다 엄청나게 큰 결과로 나타났는데 우상숭배와 간음으로 인하여 여호와께서 큰 진노로 보내신 염병을 멈추는 결과를 낳았던 것입니다. 그것을 하나님은 이스라엘 자손의 죄를 속죄했기 때문이라고 설명하십니다. 말하자면 하나님은 이스라엘 자손 시므리와 미디안 여자 고스비의 피를 마치 번제물로 드린 것과 같은 효과를 나타내게 했던 것입니다. 피 흘림이 없이는 속죄가 불가능하다고 하신 말씀으로 볼 때 이들 범죄자의 피가 깨끗한 송아지의 피와 같은 것은 아니지만, 비느하스의 분노가 이들 범죄자에게 쏟아져 여호와의 진노를 대신함으로써 피 흘림의 효과까지 나타났던 것입니다. 비느하스가 이런 결과를 예상하고 행한 것이 결코 아닙니다. 여호와 하나님의 우상 신들에 대해 질투하시는 마음과 비느하스의 그 마음이 똑같았던 것입니다.

물론 속죄라고 함은 하나님의 백성들에 국한된 이야기입니다. 그러나 그리스도께서는 하나님을 알지도 못하는 사람들을 위해서 십자가에서 목숨을 버리셨습니다. 비록 본문의 이야기가 이스라엘 안에서의 사건에 머물러 있지만 우리 신약 백성들은 비느하스의 행동이 수많은 불신 영혼들 가운데에서도 결과가 나타나도록 해야 하는 것입니다. 우리의 행동이 하나님께서 속죄로 받아들이실 수 있도록, 즉 불신자들이 회개하고 주님 품으로 돌아올 수 있도록 하나님의 거룩하신 성품에 참여해야 한다는 뜻입니다. 정의이든 공평이든, 아니면 사랑이든 은혜이든 우리를 통하여 하나님의 성품이 드러나야 합니다. 비느하스를 통하여 여호와의 질투가 드러난 것 같이 말입니다. 그리스도의 희생으로 말미암아 죄 씻음 받고 구원받았으면서도 그 그리스도의 희생을 전혀 드러내지 못하고 살아간다면 그것은 그리스도의 희생의 가치를 인정하지 않는 것과 같아지는 것입니다. 기독교인은 그리스도 예수님을 뒤따라 살아가는 사람들입니다. 예수님을 닮은 모습을 불신영혼들에게 드러내야 하는 사람들입니다. 비느하스가 느꼈던 여호와의 질투심을 우리도 느껴야만 진정한 그리스도인의 길을 갈 수 있을 것입니다. 그것이 비느하스에게 약속하신 제사장의 길인 것입니다.

"너희 안에 이 마음을 품으라 곧 그리스도 예수의 마음이니 그는 근본 하나님의 본체시나 하나님과 동등됨을 취할 것으로 여기지 아니하시고 오히려 자기를 비워 종의 형체를 가지사 사람들과 같이 되셨고 사람의 모양으로 나타나사 자기를 낮추시고 죽기까지 복종하셨으니 곧 십자가에 죽으심이라"(빌 2:5~8)

적용하기 : 어느 정도가 되어야 하나님의 마음을 품을 수 있을지 알 수 없지만, 당신은 예수님의 마음을 어떨 때 가장 크게 느낍니까? 그것을 느끼지 못하는 이유는 무엇이겠습니까?

❷ 속임수로 유혹한 죄

핵심구절 : "여호와께서 모세에게 말씀하여 이르시되 미디안인들을 대적하여 그들을 치라 이는 그들이 속임수로 너희를 대적하되 브올의 일과 미디안 지휘관의 딸 곧 브올의 일로 염병이 일어난 날에 죽임을 당한 그들의 자매 고스비의 사건으로 너희를 유혹하였음이니라"(민 25:16~18)

당연히 하나님을 모르는 백성들은 영원히 멸망하겠지만, 이방의 공격에서 먼저 심판을 받는 사람들은 이스라엘 백성들입니다. 미디안과 모압이 진멸당하기 전에 먼저 이스라엘 백성들이 염병으로 24,000명이나 죽어나갔습니다. 이것은 하나님께서 구별하여 하나님의 백성으로 삼아주신 은혜를 정면으로 배반한 행위이기 때문입니다. 하나님을 몰랐더라면 지옥으로 빨려들어 갔겠지만, 하나님의 놀라우신 은혜로 스스로는 절대 불가능한 구원을 받았으면 거기에 대해서 깊이 깨닫고 그 은혜에 조금이라도 보답하고 싶은 마음으로 살아야 합니다. 그러나 모압 여인들의 유혹으로 우상숭배에 스스로 빠져 들어간 사람들은 하나님의 은혜를 욕으로 갚는 사람들입니다. 이스라엘을 유혹한 이방인들보다 먼저 지옥으로 들어가야 합니다.

하지만 그렇다고 하여 이스라엘을 속임수로 유혹한 미디안을 그대로 둘 수는 없습니다. 만약에 이스라엘은 24,000명이 죽었는데 미디안은 이미 어차피 지옥으로 갈 것이라면서 그대로 아무 조치도 하지 않으신다면 사람들은 하나님께 대하여 고개를 갸웃거릴 수 있습니다. 내버려두어도 하나님과 아무 관계가 없게 하실 수 있지만 하나님은 특별하게 미디안을 언급하면서 그들을 치라고 하셨던 것입니다. 왜 모압을 치라고는 하지 않으실까요? 아브라함의 조카 롯을 생각하시기 때문입니다. 아무튼 하나님의 명에 의하여 미디안의 다섯 왕들과 이런 공작을 펼쳤던 발람을 칼로 죽였습니다(31:8). 하나님은 사랑이시지만 동시에 정의이십니다. 하나님께로 돌아오지 않을 사람들은 하나님께 별로 의미가 없습니다. 우리는 영적으로 하나님의 반대편에 서서 하나님의 일을 훼방한 사람들은 결코 용서하지 않으신다는 사실을 알아야 하고 또 이단들처럼 속임수로 미혹하는 사람들에 대해서는 언제나 단호하게 대해야 합니다.

"거짓 그리스도들과 거짓 선지자들이 일어나서 이적과 기사를 행하여 할 수만 있으면 택하신 자들을 미혹하려 하리라"(막 13:22)

적용하기 : 무조건적인 사랑과 참음이 그리스도의 마음인 것은 아닙니다. 당신은 미혹하거나 속임수를 사용하는 자들에 대해 어떤 자세를 가지고 있습니까?

하나님의 마음 :

아모리 족속을 멸하여 승리의 기쁨에 도취되었을 때 우상의 침투가 들어왔습니다. 하나님과의 사이에 간격이 생기면 안 됩니다. 당신은 언제 그런 간격이 생깁니까?

오늘 받은 은혜 :

전체적으로 당신이 받은 은혜와 느낌을 기록해보십시오.

실천을 위한 도전 : (기도하여 성령님의 인도하심을 받으십시오.)

당신은 신앙생활에 있어서 비느하스처럼 단호하지 못할 때가 있었습니까? 그 단호함을 훼방하는 요소 한 가지만 고칠 수 있기를 바랍니다.

26
제2차 인구조사
민수기 26:1~65

본문 개론

발람의 계략에 의한 우상숭배와 간음 사건으로 염병이 일어나 24,000명이 죽은 아픔을 뒤로 하고 이제 이스라엘은 가나안 땅으로 진격해 들어가기 위한 본격적인 준비를 하게 됩니다. 인구조사는 바로 그런 목적을 위한 첫 번째 단계인데, 실제로 가나안 땅에서 전쟁을 펼쳐야 할 인원을 파악하고 또 정복 후에 땅 분배의 기준을 정하기 위해서였습니다. 레위지파를 제외한 열두 지파의 총인원은 601,730명으로 1차 인구조사 때의 603,550명보다 1,820명이 감소한 것으로 드러났습니다. 하지만 염병으로 24,000명이 죽은 것을 생각하면 특별히 감소한 것은 아니었습니다. 다만 그렇게 징계하시고 심판하셨지만 가나안 정복에는 문제가 없게 하셨습니다. 땅의 크기는 인구에 비례하도록 하셨고 땅의 위치는 제비를 뽑아 정하게 하셨으며 땅의 이름은 각 지파 조상의 이름을 쓰도록 하셨습니다. 기존의 백성들은 여호수아와 갈렙 외에는 한 사람도 들지 못했습니다.

본문 구성

모압 평지에서 인구조사를 명하시다.　　　(1~4)
열두 지파의 인구를 기록하다.　　　　　　(5~51)
인원수대로 땅을 나누게 하시다.　　　　　(52~56)
레위지파의 인구를 계수하다.　　　　　　(57~62)
이전의 백성들은 한 사람도 남지 않다.　　(63~65)

본문 적용

앞으로 여자들의 상속문제와 후계자 선정(27장), 가나안에서 지켜야 할 규례들(28~30장), 가나안 정복과 땅의 분배에 대한 상세한 내용들(31~34장), 도피성 설치와 상속에 대한 문제(35~36장) 등을 다룸으로써 가나안 정복을 위한 준비를 하나하나 완성해나갈 것입니다. 특히 본장에서는 인구조사 이후의 땅 분배의 원칙에 대해서 기본적인 원리를 설명하고 있는데, 그것은 공평과 섭리라고 할 수 있습니다. 그리스도 안에서는 모두가 평등합니다. 역할과 직임은 다르지만 그것 때문에 사람의 가치가 좌우되는 것은 아닙니다. 모두에게 동일한 것을 주셨기 때문에 어느 누가 더 많이 차지하고 더 높은 권리를 가지는 것은 허용되지 않는 것이 하나님의 원칙인 것입니다. 또 하나는 그럼에도 불구하고 모두가 똑같을 수는 없기 때문에 나머지는 하나님의 섭리에 맡기고 감사함으로 받아야 한다는 것입니다.

❶ 명수대로 제비뽑아 나누라.

핵심구절 : "이 명수대로 땅을 나눠 주어 기업을 삼게 하라 수가 많은 자에게는 기업을 많이 줄 것이요 수가 적은 자에게는 기업을 적게 줄 것이니 그들이 계수된 수대로 각기 기업을 주되 오직 그 땅을 제비 뽑아 나누어 그들의 조상 지파의 이름을 따라 얻게 할지니라 그 다소를 막론하고 그들의 기업을 제비 뽑아 나눌지니라"(민 26:53〜56)

　인구조사를 마치자 하나님은 가나안으로 들어가서 펼쳐질 땅 분배에 대한 원칙을 제시하십니다. 하나님은 가나안 땅을 이미 모두 점령하신 것처럼 말씀하십니다. 하나님은 이미 이루어놓으시고 백성들에게 선포하신 것입니다. 어느 지파가 열심히 싸워서 그 땅을 차지하면 그 땅은 그들의 것이라고 하지 않으십니다. 무조건 각 지파의 인원수를 따라 땅을 차지할 것이라고 하십니다. 이 말씀은 하나님의 경제 원리를 그대로 보여주는 것입니다. 원칙적으로 하나님은 모든 사람들에게 모든 권리를 똑같이 주셨습니다. 만약에 누군가가 다른 많은 사람들보다 훨씬 더 큰 재물이나 땅을 가지고 있다면 그것은 다른 사람들의 소유를 혼자서 독차지하고 있는 것입니다. 그런데 그것이 정당하게 일했고 하나님께서 허락하신 것이라면 그 부자는 나머지 다른 사람들에게 의무를 진 것이며 그들을 위해 섬겨야 할 책임을 가지게 되는 것입니다. 이것이 그리스도인이 가지고 있어야 할 경제 원리입니다.

　그런데 모두가 균일하게 땅을 차지하더라도 그 땅의 종류가 너무나도 다양하다는 것이 문제로 남게 됩니다. 산악지대일 수도 있고 해안가일 수도 있으며 평야지대일 수도 있고 광야지대일 수도 있습니다. 가나안 땅에는 이런 모든 종류의 땅이 골고루 존재합니다. 이럴 때 하나님은 그 땅을 제비뽑아서 분배해 가라고 하십니다. 이것은 무슨 뜻일까요? 모두가 좋은 땅을 가질 수는 없고 각 땅마다 생활양식의 특성이 있고 해야 할 직업의 종류가 존재합니다. 땅의 넓이는 인원수대로 나눌 수 있지만 땅의 특성까지 골고루 나눌 수 없습니다. 다소 불리하거나 유리할 수는 있지만 사람이 살지 못하는 곳은 아닙니다. 제비를 뽑으라는 말씀은 하나님께서 정해주시겠다는 말씀입니다. 운명이 아니라 하나님의 섭리입니다. 이렇게 받은 땅은 하나님께 감사하며 그 땅에 적응하여 잘 살도록 해야 합니다. 만약에 여기에 대하여 불평이 생긴다면 광야에서의 원망이나 불평과 조금도 다를 것이 없게 됩니다. 우리는 교회에서나 단체에서도 이런 원칙을 적용할 수 있어야 합니다. 누구나 하나님 앞에 동등한 사람들입니다. 이것을 무시하면 권위주의가 생기고 파벌이 생기며 억울하고 소외된 사람이 생깁니다. 목사나 성도나 하나님 앞에서는 다만 한 사람일 뿐입니다. 그러나 그에게 맡겨진 직임에 감사하며 그 일에 충성할 수 있어야 합니다. 그것이 하나님께서 그리스도인들에게 주신 공평과 섭리의 원칙인 것입니다.

"그런데 이스라엘 족속은 이르기를 주의 길이 공평하지 아니하다 하는도다 이스라엘 족속아 나의 길이 어찌 공평하지 아니하냐 너희 길이 공평하지 아니한 것 아니냐"(겔 18:29)

적용하기 : 당신은 교회 안에 특권이나 반칙을 경험한 적이 있습니까? 앞으로 어떤 원칙으로 사람들을 대하겠습니까?

❷ 시내광야 계수와 모압 평지 계수

핵심구절 : "이는 모세와 제사장 엘르아살이 계수한 자라 그들이 여리고 맞은 편 요단 가 모압 평지에서 이스라엘 자손을 계수한 중에는 모세와 제사장 아론 이 시내 광야에서 계수한 이스라엘 자손은 한 사람도 들지 못하였으니 이는 여 호와께서 그들에게 대하여 말씀하시기를 그들이 반드시 광야에서 죽으리라 하 셨음이라 이러므로 여분네의 아들 갈렙과 눈의 아들 여호수아 외에는 한 사람 도 남지 아니하였더라"(민 26:63~65)

시내광야에서의 제1차 인구조사와 모압 평지에서의 제2차 인구 조사는 여러 가지 면에서 대조적입니다. 시내광야에서의 1차 계수 는 광야를 행진해 나갈 진영과 순서 등을 염두에 둔 것이었고 모 압 평지에서의 계수는 곧 요단강을 건너가서 가나안 점령을 시작 하기 위한 인구조사였습니다. 두 가지 모두 하나님께서 직접 명하 심으로써 이루어진 일이었습니다. 1차 계수는 출애굽 제2년 2월 1 일에 명하신 일이었고(민 1:1) 2차 계수는 아론이 죽은 제40년 5월 1일 이후에 이루어진 일입니다. 38년이 지난 이후의 계수였던 것 입니다. 1차 계수가 이루어졌지만 백성들의 원망과 불평과 반역과 우상숭배로 인하여 인구조사의 의미가 사라져버린 이후에 비로소 준비가 된 것을 보시고 명하신 것이었습니다. 또한 2차 인구조사 는 이미 아랏의 왕을 호르마에서 물리쳤고, 아모리의 남왕국 왕 시 혼과 북왕국 바산 왕 옥을 다 멸하고 그 땅을 점령한 이후의 일이 었습니다.

이렇게 여러모로 대조적인 두 번의 인구조사에서 가장 특기할 것은 1차 계수에 들었던 백성들은 모두 광야에서 죽었고 2차 계수 에 포함된 백성들은 출애굽 당시 20세 미만의 사람들이었다는 것입니다. 이전 세대들은 비록 광야에서 죽었지만 하나님께서 가나안 입구까지는 인도하신 사람들이었습니다. 하나님은 반역한 백성들을 심판하기는 하셨지만 그들을 통해서 새로운 세대를 준비하신 것입니다. 다만 그들은 자신들에게는 복이 되지 못했습니다. 하나님은 구세대들은 한 사람도 가나안에 들어가지 못하게 하셨습니다. 이미 축복을 거두어 가신 것입니다. 그렇다고 버리신 것은 아닙니다. 오늘날 그리스도인들은 다음 세대를 준비해야 합니다. 그러나 동시에 스스로도 참된 성장의 복을 받아야 합니다. 목회를 열심히 해서 큰 부흥을 일으켰는데 목회자 자신은 조금도 성장하지 못하고 예수님을 닮지 못했을 뿐 아니라 세상적인 모습 그대로 살았다면 그 사람은 목회는 성공했을지 몰라도 자기 인생에는 실패한 사람일 것입니다. 광야세대처럼 살면 안 됩니다.

"또 함께 일으키사 그리스도 예수 안에서 함께 하늘에 앉히시니 이는 그리스도 예수 안에서 우리에게 자비하심으로써 그 은혜의 지극히 풍성함을 오는 여러 세대에 나타내려 하심이라"(엡 2:6~7)

적용하기 : 당신의 가정이나 교회에서 올바른 믿음을 전수하는 일에 대해서 얼마나 어떻게 준비하려고 합니까?

하나님의 마음 :

하나님의 관심은 하나님을 향한 믿음과 사랑이 어떻게 개인과 공동체에게 성취될 것인가에 있습니다. 당신은 믿음생활에서 그런 하나님의 마음을 얼마나 반영하고 있습니까?

오늘 받은 은혜 :

전체적으로 당신이 받은 은혜와 느낌을 기록해보십시오.

실천을 위한 도전 : (기도하여 성령님의 인도하심을 받으십시오.)

당신의 한 마디 말이나 행동은 반드시 다음세대에 반영됩니다. 혹시 지나치거나 모자라는 점이 발견된다면 한 가지씩 실행하시기 바랍니다.

27
이스라엘 계승의 문제
민수기 27:1~23

본문 개론

인구조사는 가나안을 정복하고 이스라엘을 계승하기 위한 한 가지 조치였습니다. 그렇게 땅을 분배하는 원칙을 명하셨지만 거기에서 아버지에게 아들이 없는 딸들의 계승이 누락되어 있었습니다. 바로 므낫세 계열의 슬로브핫의 경우였습니다. 그 다섯 딸들이 찾아와서 건의를 하는데 하나님께서도 그것이 옳다고 하여 본인의 아들 → 딸 → 본인의 형제 → 본인의 아버지의 형제 → 가장 가까운 친족의 순으로 기업이 계승되도록 하셨습니다. 또 하나의 문제가 가장 중요한 지도자의 계승인데 여호수아에게 느보산(아바림 산맥)에서 죽을 것을 알려주시자 모세가 후계자를 요청하여 여호수아로 정해주시는 기록입니다. 하나님께서 정하시지만 백성들에게 다 알려져야 하고 정해진 절차를 따라야 합니다. 그렇게 모세의 권위는 여호수아에게로 계승됩니다.

본문 구성

슬로브핫의 딸들이 상속법을 문의하다.   (1~4)
여자들에 대한 상속법을 명하시다.   (5~11)

모세가 산에서 죽을 것을 말씀하시다.　　　　(12~14)

후계자 요청에 여호수아로 정해 주시다.　　　(15~21)

여호수아에게 안수하고 후계자로 세우다.　　(22~23)

본문 적용

때로 교회의 영적 권위가 계승되지 못하여 다툼이 일어나고 때로는 분열까지 되는 상황들이 귀에 자주 들립니다. 영적 계승에 대한 인식이 되어 있지 않은 데에서 그 원인을 찾을 수 있을 것입니다. 아무리 완벽하게 진행되는 일에도 예외적이거나 빠진 부분이 생길 수 있습니다. 가나안 정복을 앞둔 백성들에게 자기 조상의 이름과 주어지는 땅의 분배(기업)는 굉장히 중요한 일입니다. 슬로브핫의 딸들이 이의를 제기하여 전체적인 상속의 흐름을 새롭게 정하는 계기가 되었습니다. 억울함이나 소외됨이 없는 것이 이스라엘 공동체라야 합니다. 또 하나 계승의 핵심적인 요소는 최고지도자의 후계자를 정하는 일입니다. 이것은 전적으로 하나님의 주권입니다. 그러나 그렇다고 하여 하나님께서 다른 것을 전혀 고려하지 않으시는 것이 아닙니다. 하나님께서 세우시면 그 분명한 이유가 있습니다. 우리가 하나님처럼 완전하게 분별할 수는 없지만 하나님께서 세우신 원리는 깊이 생각해야 합니다. 인간의 사적 관계나 개인적인 감정 등이 개입되면 그만큼 문제가 일어날 소지가 크게 됩니다. 하나님의 원리를 따라 세우고 순종해야 합니다.

❶ 딸에 대한 상속법

핵심구절 : "너는 이스라엘 자손에게 말하여 이르기를 사람이 죽고 아들이 없으면 그의 기업을 그의 딸에게 돌릴 것이요 딸도 없으면 그의 기업을 그의 형제에게 줄 것이요 형제도 없으면 그의 기업을 그의 아버지의 형제에게 줄 것이요 그의 아버지의 형제도 없으면 그의 기업을 가장 가까운 친족에게 주어 받게 할지니라 하고 나 여호와가 너 모세에게 명령한 대로 이스라엘 자손에게 판결의 규례가 되게 할지니라"(민 27:8~11)

신앙은 신비이자 현실입니다. 성경은 신비한 일들로 가득 차 있습니다. 그러나 그 신비가 현실로 적용될 때에는 하나님의 뜻이 알려지고 하나님의 마음이 느껴지고 깨달아지지만, 그 신비를 현실에 적용하지 못하거나 엉뚱하게 해석하거나 신비를 자랑하면서 살면 그 사람은 어디에서 무슨 일을 하고 있어도 하나님의 사람이 아닌 것입니다. 하나님의 크신 능력으로 출애굽하여 하나님의 인도를 받아왔지만 출애굽 당시 20세 이상이었던 남자들은 여호수아와 갈렙을 제외하고는 한 사람도 가나안 땅을 밟지 못했습니다. 그런데 가나안 땅이 약속된 사람들 중에서도 그 이름이 지워질 수 있는 사람들이 있습니다. 그 사람의 이름이 바로 므낫세 종족의 슬로브핫입니다. 그는 이미 죽었고 그 딸들 다섯이 이의를 제기하며 하나님께서 유업상속법의 절차를 정하신 것입니다. 아마 이런 경우는 다소 예외적이라고 할 수 있을 것 같은데, 슬로브핫이 처음으로 성경에 소개되기 때문입니다.

우리는 여기에서 우리 그리스도인들이 이웃이나 공동체를 대하는 원리를 생각할 수 있어야 합니다. 누구라도 이유 없이 소외되거나 차별당하지 않도록 하는 것이 제일의 원칙인데 슬로브핫은 그 이름이 사라질 만한 죄를 짓지 않았지만 아들이 없다는 이유로 기업을 받지 못하게 된 것이었습니다. 그러니까 다른 사람들과 똑같이 땅을 분배받을 자격이 있지만 어떤 이유로든지 그것을 빼앗긴다면 하나님의 복이 무슨 소용이 있단 말입니까? 다들 자기가 받을 땅에 대해서만 정신이 팔렸지 혹시 형제나 친지나 이웃에게 돌아갈 불이익은 전혀 생각하지 못한 것은 오늘날 우리 그리스도인들이 삼가 경계해야 할 일입니다. 그리고 하나님은 슬로브핫의 경우를 통하여 아예 법과 제도로 제정하여 이후로 유사한 일들이 일어나는 것을 방지하도록 하셨습니다. 하나님은 모세를 통하여 슬로브핫 법을 제정하게 하심으로써 오늘날 그리스도인들의 행동원리를 제시해 주셨습니다. 예수님께서 피 값을 주고 사신 우리 그리스도인들은 누구라도 차별하지 말아야 하고 그런 인식을 확산되도록 하는 사람들입니다.

"만일 너희가 사람을 차별하여 대하면 죄를 짓는 것이니 율법이 너희를 범법자로 정죄하리라"(약 2:9)

적용하기 : 금해야 하는 것은 분명히 금해야 하지만 그것 때문에 차별하는 것은 하나님의 마음이 아닙니다. 당신은 자신과 직접 관계없는 세력이나 사람을 차별하거나 미워한 적이 있습니까?

❷ 여호와의 영이 머무는 자

핵심구절 : "여호와께서 모세에게 이르시되 눈의 아들 여호수아는 그 안에 영이 머무는 자니 너는 데려다가 그에게 안수하고 그를 제사장 엘르아살과 온 회중 앞에 세우고 그들의 목전에서 그에게 위탁하여 네 존귀를 그에게 돌려 이스라엘 자손의 온 회중을 그에게 복종하게 하라 그는 제사장 엘르아살 앞에 설 것이요 엘르아살은 그를 위하여 우림의 판결로써 여호와 앞에 물을 것이며 그와 온 이스라엘 자손 곧 온 회중은 엘르아살의 말을 따라 나가며 들어올 것이니라"(민 27:18~21)

하나님은 처음에 모세를 부르실 때 아마도 모세로 하여금 가나안 땅을 정복하도록 하실 계획이었을 것입니다. 어쩌면 그렇게 되었다면 가나안 땅 정복은 좀 더 하나님의 계획에 가깝게 온전한 정복이 이루어졌을 것입니다. 그러나 430년간의 애굽 생활을 통하여 노예의 습성이 몸에 밴 백성들은 하루아침에 고쳐지는 것이 아니었습니다. 물론 정상적이었더라도 후계자가 있어야 했겠지만, 지금은 새로운 세대들을 이끌 새로운 리더십이 세워지는 단계입니다. 어차피 모세는 곧 느보산에서 죽을 것입니다. 그 다음 지도자가 모세처럼 하나님의 인도를 받아 가나안을 정복해야 합니다. 우리 같으면 과연 어떤 사람을 뽑아야 하겠습니까? 오늘날과 같이 투표로 결정했다면 거의 틀림없이 가나안을 무찌르기도 전에 다 해산해 버렸을 것입니다. 이 일은 하나님께서 결정하셔야만 하는 일이었습니다.

그러면 여기에서 하나님은 어떤 원칙으로 사람을 선택하실까에 대한 해답을 들여다보아야 합니다. 하나님은 모세의 후계자로 그 안에 영이 머무는 사람 여호수아를 지정해주셨습니다. 영이 머무는 사람이란 무엇을 말합니까? 오늘날로 하면 성령께서 그 안에 거하시는 사람입니다. 그렇다면 오늘날 신약교회 성도들은 모두 그 속에 성령님께서 거하시는 사람들인데 왜 여호수아처럼 살지 못합니까? 영이 머무는 사람은 지혜나 능력이 탁월한 사람이 아니고 하나님의 말씀을 잘 분별하고 그 뜻에 온전히 순종할 수 있는 사람을 말합니다. 이런 능력은 신앙의식이 제대로 세워져 있지 못하면 결코 만들어질 수 없습니다. 자기중심적인 신앙이나 목적중심적인 사람은 그런 능력을 얻을 수 없습니다. 똑같이 성령께서 알려주셔도 그 의미를 이해하지 못하면 순종할 수도 없습니다. 이미 하나님은 여호수아의 용맹과 충성과 지혜와 하나님과 백성을 사랑하는 마음이 탁월한 것을 아셨습니다. 우리는 성경을 읽거나 기도를 하거나 예배에 참여하는 신앙행위들을 통하여 그런 의식을 가지도록 애를 써야 합니다. 신앙의식이 변화되지 못하면 아무것도 바꿀 수 없습니다.

"내가 어렸을 때에는 말하는 것이 어린아이와 같고 깨닫는 것이 어린아이와 같고 생각하는 것이 어린아이와 같다가 장성한 사람이 되어서는 어린아이의 일을 버렸노라"(고전 13:11)

적용하기 : 생각하는 한계를 뛰어넘을 수는 없습니다. 성경의 기준으로 볼 때 당신의 의식은 몇 살 정도인 것 같습니까?

하나님의 마음 :

하나님은 하나님의 복이 모든 백성들에게 골고루 전해지기를 원하십니다. 물질이든 재능이든 당신이 남들보다 더 많이 가진 것들은 무엇입니까? 어떻게 사용하겠습니까?

오늘 받은 은혜 :

전체적으로 당신이 받은 은혜와 느낌을 기록해보십시오.

실천을 위한 도전 : (기도하여 성령님의 인도하심을 받으십시오.)

그리스도인은 모세나 여호수아처럼 믿음의 공동체를 먼저 생각하는 사람입니다. 당신의 공동체의식에서 빠진 부분 한 가지만 보충하기 바랍니다.

28
이스라엘 백성의 제사들

민수기 28:1~31

본문 개론

모세의 후계자로 여호수아를 세우시고 나서 먼저 다잡아야 할 일은 제사제도를 더욱 명확하게 하는 일이었습니다. 율법을 직접 듣지 못했던 지금 세대들에게 하나님을 제대로 섬기는 법을 가르쳐주어야만 했습니다. 또한 앞으로 날마다 전투가 벌어질 때에도 제사를 소홀히 할 수 없습니다. 승리하는 비결이 제사인데 그것을 소홀히 한다면 싸움은 패배할 것이 뻔합니다. 그리하여 이미 명하셨던 것을 다시 한 번 각인시키신 것입니다. 그래서 매일 드리는 상번제, 한 주에 한 번 드리는 안식일 제사, 한 달에 한 번 드리는 초하루 제사, 그리고 이어서 매년 드려야 하는 (유대력으로) 1월 14일의 유월절과 15~21일의 무교절 규례, 3월 6일경의 칠칠절(맥추절, 오순절) 규례를 지시하셨습니다.

본문 구성

매일 드리는 제사	(1~8)
안식일에 드리는 제사	(9~10)
초하루에 드리는 제사	(11~15)

유월절과 무교절의 규례(1월 14~21일)　　(16~25)
맥추절의 규례(3월 6일)　　　　　　　　(26~31)

본문 적용

하나님께서 왜 그토록 제사와 제물을 강조하시는 것일까요? 그 첫 번째 목적은 인간의 속죄 이전에 여호와를 기쁘고 만족하게 해 드리는 행위이기 때문입니다. 제사는 죄로 얼룩진 인간에 대해서 하나님께서 직접 교제할 수 있도록 친히 정해주신 절차입니다. 사람이 숨을 쉬지 않고는 단 몇 분도 견딜 수 없는 것처럼 하나님과의 교제는 마치 숨 쉬는 것처럼 주기적으로 반복되어야 살 수 있습니다. 심지어 전쟁을 펼칠 때에라도 이 제사는 취소되어서는 안 됩니다. 그래서 하나님은 일 년 내내 하나님께 드리는 소제로 말미암아 향기를 받기를 원하시는 것입니다. 몇 달에 한 번씩이 아니고 가끔이나 또는 자주도 아니고 하나님께서는 매일매일 화제로 향기를 올려드려야 하는 것입니다. 특별한 절기라고 해서 매일 드리는 제사를 약하게 하거나 생략하면 절대 안 됩니다. 오늘날 제사가 아니라 예배로 대체되었다고 생각할 수 있지만 그와 함께 오히려 삶의 향기를 더 기뻐 받으실 것입니다.

❶ 여호와의 음식

핵심구절 : "여호와께서 모세에게 말씀하여 이르시되 이스라엘 자손에게 명령하여 그들에게 이르라 내 헌물, 내 음식인 화제물 내 향기로운 것은 너희가 그 정한 시기에 삼가 내게 바칠지니라"(민 28:1~2)

사람이든 동물이든 정기적으로 음식을 먹어야 생존이 가능합니다. 하나님께 음식이라는 말씀은 그것으로 인하여 백성들과의 관계가 정상화되고 그들을 사랑하시고 은혜를 베푸실 만한 에너지가 된다는 말입니다. 그리고 그것은 정기적으로 드려져야 하는 것이고 일정한 분량이 필요하다는 말씀입니다. 물론 하나님께 에너지가 필요하고 영양분이 필요하다는 말이 아니라 백성들과의 관계라는 측면에서 그렇다는 말입니다. 그것은 오늘날 그리스도인들과의 관계에서도 마찬가지입니다. 다만 그 양상과 실체는 상당히 차이가 있을 것입니다. 아무튼 백성들이 정기적으로 드리는 제사는 하나님과 하나님의 백성들 사이에 놓여있는 통로입니다. 하나님은 그만큼 이스라엘 백성들의 제사를 소중하고 중요하게 생각하셨습니다. 하나님의 백성들의 모든 것은 하나님으로부터 나오는 것이기 때문입니다. 여기에서 하나님은 '내'라는 말씀을 세 번 반복하십니다. "내 헌물, 내 음식인 화제물, 내 향기로운 것"이라고 하십니다. 이 음식은 제물들 중에서도 제사장의 몫으로 돌려질 것이 아니라 오직 화제로 태워 연기를 통해 하나님께 바쳐질 것이라는 말씀입니다. 하나님은 제사의 주체가 하나님 자신이심을 강조하신 것입니다. 완전히 태워서 드리는 화제는 온전한 헌신과 충성을 뜻하는 것입니다.

　　모든 제사가 다 마찬가지이지만, 특히 화제는 하나님을 기쁘시게 할 목적으로 드려지는 것이며 이것은 여호와 하나님께 대한 찬양과 감사의 상징이 되는 것입니다. 오늘날 매일, 매주, 매월, 매년 드려지는 정기적인 제사는 무엇과 연결되어야 하겠습니까? 매일 새벽예배, 매주 주일예배, 또는 사람에 따라 월삭예배를 드리기도 하고 매 절기마다 예배를 드리고 있습니다만, 과연 하나님의 음식이 이런 것만을 의미하겠습니까? 구약 시대에는 보이는 제사를 통하여 하나님께 향기로운 제물을 드렸습니다만, 그런 것들은 전부 예수 그리스도로 인하여 이미 다 성취되었습니다. 그런데 구약이라고 해서 겉으로 드러나는 행위만을 하나님께서 받으신 것은 결코 아닙니다. 그 행위를 통하여 하나님을 진정으로 예배하기를 원하셨습니다. 그러면 우리 신약시대에는 여호와의 음식, 향기롭게 해드리는 향기는 무엇이겠습니까? 교회에서 드려지는 예배와 봉사 같은 것은 물론이고 이웃을 사랑하는 향기, 용서의 향기, 헌신의 향기, 희생의 향기, 이웃을 물질로 돕고 몸으로 섬기는 삶의 헌금의 향기와 같은 것으로 나타나게 되어 있습니다. 하나님을 사랑하고 이웃을 사랑하는 모든 행위가 전부 여호와의 음식 곧 화제의 향기인 것입니다. 하나님은 일상의 삶의 향기를 원하십니다.

"그리스도께서 너희를 사랑하신 것 같이 너희도 사랑 가운데서 행하라 그는 우리를 위하여 자신을 버리사 향기로운 제물과 희생제물로 하나님께 드리셨느니라"(엡 5:2)

적용하기 : 우리의 말이나 행동을 통해서도 하나님께 향기가 될 수 있다는 생각을 해보셨습니까? 당신이 어떻게 하는 것이 하나님께 가장 큰 향기를 드리는 것이 되겠습니까?

❷ 성회로 모여 아무 일도 하지 말라.

핵심구절 : "첫째 달 열넷째 날은 여호와를 위하여 지킬 유월절이며 또 그 달 열다섯째 날부터는 명절이니 이레 동안 무교병을 먹을 것이며 그 첫날에는 성회로 모일 것이요 아무 일도 하지 말 것이며 … 칠칠절 처음 익은 열매를 드리는 날에 너희가 여호와께 새 소제를 드릴 때에도 성회로 모일 것이요 아무 일도 하지 말 것이며"(민 28:16~18, 26)

이스라엘의 모든 절기에는 첫 날에 성회로 모이고 아무 일도, 아무 노동도 하지 말라고 하십니다. 유월절이 그렇고 맥추절에도 그렇고 나팔절에도, 대속죄일에도, 장막절에도 그렇게 해야 합니다. 절기뿐만 아니라 매 안식일에도 아무 일도 하지 말아야 합니다. 그렇다고 그 어떤 노동도 하지 않는 것은 아닙니다. 제사를 드리는 것은 어쩌면 심한 노동이 될 수 있습니다. 왜냐하면 소나 양이나 염소를 잡아야 하기 때문입니다. 짐승을 죽이고 각을 뜨고 내장을 분리하고 피를 뿌리고 버려야 합니다. 이 일을 매일 아침과 저녁으로 어린 숫양 한 마리씩, 매 안식일마다 숫양 두 마리를, 매 초하루마다 수송아지 두 마리와 숫양 한 마리와 어린양 일곱 마리를, 유월절에는 7일 동안 매일같이 수송아지 두 마리와 숫양 한 마리와 어린양 일곱 마리를, 맥추절에도 똑같은 제물을 드려야 하는데 매일 드리는 상번제도 쉴 수 없습니다. 인간의 죄가 하나님 앞에 얼마나 두껍고 진한지 이런 과정을 거쳐야 이스라엘 백성으로서 정상적으로 살아갈 수 있었던 것입니다.

그러므로 성회로 모여 아무 일도 하지 말라는 것은 정말로 아무 노동도 하지 말라는 말씀이 아닙니다. 물론 이렇게 제물을 잡아서 바치는 일은 대개 제사장들의 몫입니다. 일반 백성들이 사사로

이 제사를 드릴 때에는 백성들이 제물을 죽여야 하지만 특별하게 명하신 성회에서는 백성들은 일을 하지 않습니다. 다만 그 과정에 동참할 따름이고 직접 노동을 하지는 않습니다. 무슨 말인가 하면 직업이나 생업을 위한 노동을 하지 않되 하나님께 제사 드리는 노동은 직접 담당하거나 동참해야 한다는 말입니다. 일상의 일은 하지 말아야 하지만 하나님께 예배드리고 찬양하며 섬기는 일은 해야 합니다. 하나님께 집중하라는 말입니다. 인간은 자기 일에 눈길을 돌리면 하나님을 쳐다보기가 어려워집니다. 눈은 두 개이지만 동시에 땅과 하늘을 쳐다볼 수는 없습니다. 물론 일을 할 때에는 그 일에 집중해야 하지만, 그것은 먼저 하나님을 진정으로 예배할 때에 더 큰 의미를 지니는 것입니다. 우리는 수시로 하나님께 집중할 수 있어야 합니다. 그래야 나머지 시간들이 복된 시간이 될 것입니다.

"그런즉 너희는 먼저 그의 나라와 그의 의를 구하라 그리하면 이 모든 것을 너희에게 더하시리라"(마 6:33)

적용하기 : 당신은 하나님만을 바라보는 시간을 얼마나 자주 가지고 있습니까? 예배시간을 그렇게 만들어야 하며 기도와 말씀묵상의 시간을 가장 소중하게 여기시기 바랍니다.

하나님의 마음 :

하나님은 변함없이 백성들과 신뢰관계를 지속하기를 원하시고, 그 관계를 증진할 수 있도록 이끄십니다. 하나님과 당신의 신뢰관계를 훼방하는 것은 무엇입니까?

오늘 받은 은혜 :

전체적으로 당신이 받은 은혜와 느낌을 기록해보십시오.

실천을 위한 도전 : (기도하여 성령님의 인도하심을 받으십시오.)

지금보다 더 하나님을 사랑할 수 있도록 만드는 일과 방해가 되는 일을 각 한 가지씩 발견하여 실천에 도전해보기 바랍니다.

29
7월에 지키는 절기들

민수기 29:1~40

본문 개론

29장에 와서는 7월 1일의 나팔절 규례, 7월 10일의 대속죄일 규
례, 7월 15~22일의 장막절(수장절, 초막절) 규례를 명하심으로써 믿
음을 더욱 단단하게 하십니다. 절기에 관한 규정들은 이스라엘의
종교력에 근거한 날짜입니다. 출애굽한 날을 기념하는 유월절과
무교절을 1월로 정하여 시작하도록 하시고 추수기와 파종기를 사
이에 두는 가을을 7월로 하여 절기를 지킵니다. 하지만 이스라엘
에는 민간력이 따로 있습니다. 종교력의 1월이 민간력으로는 7월
이고 양력으로는 4월입니다. 종교력의 7월이 민간력의 1월이고 양
력으로는 10월입니다. 그래서 이스라엘의 새해는 양력으로는 10
월에 시작되는 것입니다. 종교력은 출애굽을 기점으로 생각하는
것이고, 민간력은 이스라엘의 포로기에 시작되었으며 하나님의 나
라가 오는 것을 선포하는 날을 뜻합니다. 날짜가 계속 바뀌는 것
은 이스라엘의 한 달이 29일과 30일로 되어 있기 때문인데, 그렇
게 1년을 계산하면 전체 일수가 354일이 되어 양력체계의 365일과
11일의 차이가 납니다. 그래서 3년마다 윤년을 추가하여 2월을 한
번 더 보내게 됩니다. 우리나라 음력과 비슷합니다.

성경에 나오는 절기는 오늘날의 이스라엘의 명절과는 차이가

있습니다만, 이스라엘이 노예에서 해방되던 날을 종교력으로 새해의 시작으로 한다는 것은 신앙적으로 의미하는 바가 클 것이고, 가장 풍성한 시기인 민간력 7월을 새해의 시작으로 하는 것은 가장 풍성한 시기를 보내고 파종으로 새로운 시작을 준비한다는 의미에서 역시 하나님께 대한 전적인 감사를 나타내는 것이라고 할 수 있습니다. 1년 내내 하나님께 절기를 지킨다는 것은 모든 삶이 하나님 중심적으로 흘러가야 한다는 것을 말하고 있는 것입니다.

본분 구성

나팔절의 규례(7월 1일)	(1~6)
속죄일의 규례(7월 10일)	(7~11)
장막절의 규례(7월 15~22일)	(12~40)

본문 적용

이스라엘의 종교력과 민간력을 설명했지만, 종교력이든 민간력이든 모든 것이 하나님을 찬양하고 감사하며 백성들끼리 하나가 되게 만들기 위한 절기들을 정해주신 것이었습니다. 모든 절기들에는 반드시 제물의 피가 필요했습니다. 아무리 하나님과 가까운 관계가 된다고 해도 죄를 속하지 않고는 하나님을 만날 수조차 없었고, 그릇된 방식으로 제사를 지내다가는 그 자리에서 죽을 수도 있는 것이 현실이었습니다. 마음속에 하나님을 경외하고 감사하며 순종하는 자세가 되어 있지 않다면 그 모든 절기들은 아무 소용이 없었던 것입니다. 하나님은 그런 의식을 날마다 소유하게 만드시기 위해 이런 절기들을 주셨습니다. 그러므로 절기들에 드리는 감사는 우선 자기 죄가 속함 받은 것에 대한 감사가 먼저 선행되어야 할 것입니다. 그리고 나서 주신 은혜와 축복에 대해서 찬양하고 감사해야 할 것입니다. 그리스도의 피가 전제되지 않은 모든 신앙은 헛것일 뿐입니다.

❶ 심령을 괴롭게 하라.

핵심구절 : "일곱째 달 열흘 날에는 너희가 성회로 모일 것이요 너희의 심령을 괴롭게 하며 아무 일도 하지 말 것이니라"(민 29:7)

특별히 대속죄일에는 다른 절기에서 성회로 모여서 아무 일도 하지 말라는 명령 가운데에 "심령을 괴롭게 하라."는 명령이 들어 있습니다. 만약에 우리의 얼굴과 외모가 형편없이 망가지고 더러워져 있을 때 거울을 본다면 우리의 마음이 어떻겠습니까? 너무 부끄럽고 창피해질 것입니다. 그럴 때에는 목욕을 하고 몸을 깨끗하게 씻은 후에 새로운 옷을 갈아입어야 할 것입니다. 그런데 우리의 문제는 단지 외적으로 더러워진 것이 아니라 내적으로 곧 정신적, 영적으로 말도 못하게 더러워져 있는 상태라는 것입니다. 이럴 때에는 물로 몸을 씻어서 깨끗하게 할 수 있는 것이 아니고 생명을 뜻하는 짐승의 피로만이 씻을 수 있습니다. 우리의 능력으로 되는 것이 결코 아닙니다. 그런데 한 번 전체 목욕을 했다고 해서 끝까지 그 효과가 지속되는 것이 아니라 조금 지나면 또 똑같아진다는 것이 문제입니다. 물론 우리는 그리스도의 단 한 번의 피 흘리심으로 영원토록 깨끗하게 되었습니다만, 그 원리를 이야기하려는 것입니다.

대속죄일에는 이스라엘의 모든 백성들이 심령을 괴롭게 하면서 아무 일도 하지 말아야 했습니다. 영적인 거울이 있다면 거기에 비춰볼 때 자기 죄가 깨끗하게 씻어져야 하는데 여전히 또다시 더러워져 있는 모습을 보면서 어떤 마음이 되어야 하겠습니까? 사람이란 원래 그런 것이니까 그냥 당연한 것으로 여겨야 할까요? 이방인들이라면 그것을 아주 당연하게 생각해도 되지만 이스라엘 백성들은 전혀 그렇지 않습니다. 말도 못하게 부끄럽고 창피하고 얼굴을 들 수 없을 지경이 되어야 할 것이고 또 마음이 괴로워서 가슴을 치고 통곡하고 옷을 찢고 재에 앉을 정도의 의식이 필요할 것입니다. 왜냐하면 우리 힘으로는 어떤 죄도 씻을 수 없기 때문입니다. 그래서 대속죄일에 이스라엘 백성들은 죄를 미워하고 회개하는 심령이 되어 금식하면서 속죄일 의식에 참여하였던 것입니다. 오늘날 우리도 속죄일의 이스라엘 백성들처럼 우리의 죄에 대한 자각을 위하여 금식하고 마음을 괴롭게 함으로써 죄를 미워하는 성도들이 되어야 할 것입니다.

"슬퍼하며 애통하며 울지어다 너희 웃음을 애통으로, 너희 즐거움을 근심으로 바꿀지어다 주 앞에서 낮추라 그리하면 주께서 너희를 높이시리라" (약 4:9~10)

적용하기 : 너무 은혜를 강조하다 보면 죄에 대한 경각심이 사라질 때가 자주 있습니다. 우리가 때때로 금식하면서 회개해야 하는 이유입니다. 당신은 얼마나 자주 회개하고 있습니까?

❷ 더하여 드리라.

핵심구절 : "너희가 이 절기를 당하거든 여호와께 이같이 드릴지니 이는 너희의 서원제나 낙헌제로 드리는 번제, 소제, 전제, 화목제 외에 드릴 것이니라 모세가 여호와께서 모세에게 명령하신 모든 일을 이스라엘 자손에게 말하니라" (민 29:39~40)

　　매일, 매주, 매월, 매년 드리는 제사들은 공식적인 제사입니다. 서원제는 하나님 앞에 거룩한 삶을 살겠다는 맹세를 하면서 드리는 것이고 낙헌제는 조건 없이 자원하여 감사하는 제사입니다. 개인이나 가정 단위로 드릴 수 있는 이런 자원제는 매일 드리는 상번제나 기타 모든 제사와 관계없이 드릴 수 있습니다. 자원제를 드렸다고 해서 공식적인 제사를 대체하거나 소홀히 할 수는 없습니다. 이것은 모든 공식적인 제사에도 그대로 적용되어야 합니다. 하나님은 한 가지 제사를 명하실 때마다 앞의 제사 외에 더 드려야 할 것을 말씀하셨습니다(28:10, 15, 24, 31, 29:6, 11). 곧 매일 드리는 상번제는 다른 조건과 관계없이 매일 드려져야 했습니다. 안식일 제사나 월삭제사를 드린다고 해서 그 날의 상번제를 건너뛰어도 되는 것은 아니라는 말입니다. 마찬가지로 안식일 제사를 드렸다고 해서 그 날이 겹칠 때 월삭제사를 대체할 수 있는 것이 아닙니다. 어떤 절기에도 상번제를 쉴 수는 없습니다. 이 명령을 각 제사마다 언급하시는 것은 매일매일, 한 주 한 주의 하나님과의 동행이 얼마나 중요한가를 강조하시는 것입니다.

　　오늘날 우리의 신앙에 비추어볼 때 과연 우리가 진정으로 감사해야 할 것은 기본적으로 무엇이겠습니까? 매일매일의 은혜와 사랑을 깊이 깨닫고 날마다 감사하는 일입니다. 매일의 감사 없이 특별한 날의 감사가 지속될 수는 없습니다. 우리는 흔히 특별한 응답을 받았거나 특별한 목표가 성취되었을 때에 하나님을 더욱 높여드리고 찬양합니다만, 하나님께서는 평범한 일이나 특별한 일의 구분이 없으십니다. 물론 하나님께서도 함께 기뻐하시지만, 더 어려운 일이나 더 쉬운 일이 없다는 말입니다. 일상의 감사 없이 특별한 감사는 빛을 잃을 수밖에 없습니다. 하나님께서도 우리에게서 매일매일 감사를 받기를 원하십니다. 하나님과 매일, 매 순간마다 교제하지 못하고는 마귀의 유혹과 미혹이 넘치는 이 세상에서 온전한 그리스도인으로서 살 수가 없는 것입니다.

"또 무리에게 이르시되 아무든지 나를 따라오려거든 자기를 부인하고 날마다 제 십자가를 지고 나를 따를 것이니라"(눅 9:23)

적용하기 : 당신은 힘들고 고통스러워도 매일매일 하나님께 진정으로 감사하고 있습니까? 그렇지 못하다면 이유가 무엇일까요?

하나님의 마음 :

죄인인 인간과의 교제는 항상 하나님의 손해입니다. 어떻게 하시든지 죄 문제
를 넘어서야 하기 때문입니다. 당신은 날마다 하나님 앞에 의로워지기 위해 얼
마나 애를 씁니까?

오늘 받은 은혜 :

전체적으로 당신이 받은 은혜와 느낌을 기록해보십시오.

실천을 위한 도전 : (기도하여 성령님의 인도하심을 받으십시오.)

결국 이스라엘 백성들에게 가장 큰 문제는 얼마나 속죄하는가입니다. 당신은
회개를 지속하고 있습니까? 일단 한 가지 죄를 택하여 그것을 버리는 결단을
내리십시오.

30
여자의 서원 규례
민수기 30:1~16

본문 개론

가나안 입성을 앞두고 하나님은 큰 가지들을 쳐내고 잔가지들을 정리하는 것과 같은 일을 행하십니다. 소외됨이나 누락이 없도록 하시는 것입니다. 27장에서 슬로브핫의 딸들의 건의로 딸들에 대한 상속의 법을 마무리하시고 나서, 본장에서는 서원규례 중에서도 여자들의 서원규례를 명확하게 하십니다. 민수기의 마지막 36장은 다시 슬로브핫의 규례를 보완하는 명령을 내리십니다. 세심하게 불이익을 당하는 요소들을 제거하십니다. 본장에서는 딸과 아버지, 아내와 남편의 관계 속에서 서원의 질서를 제시하셨습니다. 동시에 아버지와 남편의 지도자로서의 책임규정까지 명확하게 하셨습니다. 서원은 하나님과의 약속이지만 그것이 가정과 사회에서의 서로 간의 신뢰유지를 위해서도 필수적인 요소임을 가르쳐주신 것입니다.

모든 서원은 반드시 다 이행하라.   (1~2)
어린 여자의 서원에 대한 아버지의 책임   (3~5)
신부의 서원에 대한 신랑의 책임   (6~8)
과부나 이혼녀의 서원은 자기책임이다.   (9)
아내의 서원에 대한 남편의 책임   (10~16)

본문 적용

우리는 세부적인 상세한 규례가 말하는 원리에 주목해야 합니다. 우리는 하나님의 성품을 먼저 생각해야 합니다. 하나님은 하나님 나라를 언약을 통하여 이루어가십니다. 말하자면 하나님께서 사람에게 서원하신 것입니다. 하나님이 그런 분이시기 때문에 자연스럽게 백성들에게도 그것을 요구하시는 것입니다. 그러므로 서원은 하나님과 백성의 신뢰관계를 형성하는 데 있어서 굉장히 중요한 요소입니다. 그런데 그 서원들 중에서 공동체의 이익에 부합되는가를 따져야만 하는 경우가 바로 딸과 아내로서의 서원의 경우입니다. 딸이 어릴 적에 또는 결혼하기 전에나 결혼한 이후에 자기마음대로 서원할 수는 있지만 아버지와 남편을 거치지 않은 상태에서는 일단 효력이 발생하지 않는다는 것입니다. 개인의 서원이 가정 등 공동체의 이익에 반하지 않아야 한다는 울타리를 쳐두신 것입니다. 오늘날에도 이것은 유효할 것입니다. 가정 안에서 혼자서만 의사를 결정할 수는 없기 때문입니다. 더 나아가서 하나님과의 서원을 지키는 것은 이웃과의 약속을 지키는 것으로 연결됩니다. 하나님의 공동체에는 거짓이 없어야 합니다.

❶ 상호신뢰

핵심구절 : "모세가 이스라엘 자손 지파의 수령들에게 말하여 이르되 여호와의 명령이 이러하니라 사람이 여호와께 서원하였거나 결심하고 서약하였으면 깨뜨리지 말고 그가 입으로 말한 대로 다 이행할 것이니라"(민 30:1~2)

하나님은 약속하신 것을 반드시 행하십니다. 그리고 하나님은 하나님을 믿고 신뢰하기만 하면 반드시 복 주실 것이라고 말씀하셨습니다. 그렇게 약속하셨으므로 하나님을 믿고 그대로 따라가기만 하면 반드시 복을 받게 되어 있습니다. 그러므로 사람이 복을 받지 못한다면 그것은 하나님의 책임이 아니라 전적으로 사람의 책임입니다. 그렇기 때문에 하나님께서 서원한 것을 반드시 지키라고 하시는 것은 사람에게 복을 주시기 위함인 것입니다. 우리는 하나님의 명령을 우리의 입장에서만 생각하기 쉽지만 하나님의 입장에서 생각하지 못하면 그 의미를 충분히 납득하기 어렵습니다. 보통 믿음을 가져라, 확신을 가지고 담대하라는 권면을 많이 받지만, 그 이전에 하나님께서도 믿고 맡길 수 있는 사람을 찾으신다는 사실을 알아야 할 것입니다. 자기가 하나님께 서원하거나 맹세한 것을 반드시 지킬 것이라는 사실을 하나님께서 아신다면 그 사람을 사용하지 않으시겠습니까?

하나님은 그래서 하나님과의 관계에서만 서원한 것을 지키라고 요구하시는 것이 아니라 공동체 안에서와 세상 속에서도 입으로 말한 것을 지키기를 원하십니다. 만약에 하나님께 드린 서원은 목숨 걸고 그대로 이행하는데 사람에게 대한 약속을 가볍게 여기고 쉽게 어긴다면 그 사람의 하나님과의 관계는 무너지고 말 것입니다. 왜냐하면 세상 속에서 자기 이익을 중심으로 생각하는 사람이기 쉽기 때문입니다. 곧 자기를 위하여 하나님을 이용하는 사람일 수 있다는 말입니다. 또 다른 측면에서 약속을 어긴다는 것은 거짓을 의미하는데 거짓이란 마귀의 고유한 수법이기 때문입니다. 그리스도인은 사업을 하더라도 과장광고나 불법이윤을 취하면 안 됩니다. 마귀의 수단을 사용하는 것이기 때문입니다. 이 일은 각 지파의 수령들에게 하신 말씀이었습니다. 그것은 곧 이스라엘 모든 지파의 백성들을 다스리거나 인도하는 기본원칙이 되어야 한다는 말씀입니다. 물론 본문 말씀은 아버지에게 속해 있거나 남편에게 속해있는 여자들의 서원에 관한 규례이지만, 그 개념을 더 확대시켜 직장이나 공동체에도 그대로 적용할 수 있는 원리입니다. 그리스도인은 맹세나 약속을 더 신중하게 해야 하며 입 밖으로 나온 약속은 반드시 지키는 사람들이어야 합니다. 혹시 도저히 지킬만한 상황이 못 된다면 거기에 합당한 조치가 있어야 할 것입니다.

"네 입으로 네 육체가 범죄하게 하지 말라 사자 앞에서 내가 서원한 것이 실수라고 말하지 말라 어찌 하나님께서 네 목소리로 말미암아 진노하사 네 손으로 한 것을 멸하시게 하랴"(전 5:6)

적용하기 : 혹시 서원했는데 행하지 못한 것이 있습니까? 부지중에 약속한 것이라도 생각나기를 기도하고 행하기 바랍니다.

❷ 침묵의 책임

핵심구절 : "모든 서원과 마음을 자제하기로 한 모든 서약은 그의 남편이 그것을 지키게도 할 수 있고 무효하게도 할 수 있으니 그의 남편이 여러 날이 지나도록 말이 없으면 아내의 서원과 스스로 결심한 일을 지키게 하는 것이니 이는 그가 그것을 들을 때에 그의 아내에게 아무 말도 아니하였으므로 지키게 됨이니라 그러나 그의 남편이 들은 지 얼마 후에 그것을 무효하게 하면 그가 아내의 죄를 담당할 것이니라"(민 30:13~15)

본문에 의하면 딸이나 아내가 서원한 내용을 듣고 침묵하면 그 침묵에 대해서 책임을 져야 하는 것으로 나와 있습니다. 곧 딸이 스스로 서원한 것을 아버지에게 고했을 때 아버지가 그것을 말리지 않고 침묵하면 그 서원에 동의하는 것으로 보고 딸은 서원을 이행해야 합니다(4). 이것은 신부의 서원에 대한 남편의 침묵에 대해서도 똑같이 적용됩니다(7, 11). 그런데 만약에 침묵하다가 중간에 남편이 반대하여 서원을 중단하게 된다면 서원 불이행에 대한 죄 값은 남편이 담당하게 됩니다. 서원하는 것이 뭐 그렇게 대단하다고 이렇게까지 세밀하게 따져야 하는가에 대해서 궁금할 수도 있을 것입니다. 우리가 알아야 할 것은 하나님은 모든 언약을 목숨 걸고 이행하셨다는 사실입니다. 그래서 예수 그리스도께서 이 땅에 오셔서 목숨을 버리신 것입니다. 하나님의 언약을 지키기 위해서라는 말입니다. 사람은 하나님과의 약속이 다른 여러 생활조건 중의 하나가 될지 모르지만 하나님께는 이 서원의 원칙에 모든 것을 거셨다는 사실을 알아야 합니다. 우리도 하나님과의 약속을 최우선적인 모든 것으로 여길 수 있어야 합니다.

특별히 본문에서는 어떤 식으로라도 서원을 이행하지 못하도록 만든 사람은 거기에 합당한 책임을 지라고 합니다. 곧 침묵의 책임입니다. 침묵으로 말미암아 사람과 하나님과의 서원의 관계를 무너뜨리는 경우에 대한 이야기입니다. 침묵은 금이라고 하지만 그 침묵이 어떤 결과를 만들지에 대해서 생각해야 합니다. 물론 어떤 정치적 구호를 말하는 것이 아닙니다. 하나님의 나라와 진리를 훼손하는 일이나 사람들에 대해서 그렇게 해야 한다는 말입니다. 복음적으로 확고한 기준 위에서 선악 간의 구분이나 태도의 분별이 필요합니다. 마땅히 복음을 전해야 할 상황에서 침묵한다면 그것은 복음에 대한 책임을 회피하는 것입니다. 순교자는 하나님께 대한 믿음의 서원을 지킨 사람들입니다. 물론 우리는 훈련되어야 합니다. 다만 방향과 목표지점에 대한 확신을 가져야 합니다.

"밤에 주께서 환상 가운데 바울에게 말씀하시되 두려워하지 말며 침묵하지 말고 말하라"(행 18:9)

적용하기 : 당신이 복음과 관련하여 말해야 할 때 침묵한 적이 있었습니까? 어떤 경우였으며 앞으로는 어떻게 할 것 같습니까?

하나님의 마음 :

서원에 관한 하나님의 마음은 구약에서나 신약에서나 동일합니다. 하나님과의
약속은 당신의 삶에서 어떤 순위를 차지하고 있겠습니까?

오늘 받은 은혜 :

전체적으로 당신이 받은 은혜와 느낌을 기록해보십시오.

실천을 위한 도전 : (기도하여 성령님의 인도하심을 받으십시오.)

쉽게 말해도(약속해도) 안 되고 쉽게 침묵해도 안 됩니다. 침묵해야 할 때 침묵
하고 말해야 할 때 말해야 합니다. 그것을 위하여 당신에게 필요한 것 한 가지
를 생각하십시오.

본문 개론

미디안을 치는 일은 원래 계획에는 없던 일이었습니다. 그러나 발람이 미디안과 손잡고 바알에게 절하게 한 일로 염병을 내리고 무려 24,000명이나 죽는 사건 이후에 미디안을 칠 것을 명하셨습니다(25:17). 그 후로 인구조사를 행하고 그 땅에 들어가서 행할 제사들을 말씀하시고 나서 비로소 명령을 시행하십니다. 각 지파별로 1,000명씩, 총 12,000명을 전쟁에 내보냅니다. 이 숫자는 염병으로 죽은 24,000명의 절반에 해당되는 숫자였습니다. 그런데 12,000명으로 미디안을 침략하여 그들의 모든 남자들을 다 죽이되 아군 중에서는 한 사람도 죽지 않았던 것 같습니다(49). 그들이 받아들인 여자 아이들만 해도 32,000명이라고 했으니까(35) 미디안의 군인들은 적어도 그보다는 많지 않았겠습니까? 아무튼 그렇게 해서 전리품들을 나누고 하나님께 드리는 과정이 기록되어 있습니다. 이스라엘은 이제 자신감이 하늘을 찌를 것 같습니다. 다만 그럴 때일수록 하나님의 명령을 반드시 순종해야 합니다. 그들이 승리하고 돌아올 때 여자들은 그냥 데려옴으로써 모세가 노했었거든요.

본문 구성

미디안에게 원수를 갚으라고 명하시다.   (1~2)

전쟁을 위하여 모병하고 준비시키다.   (3~6)

미디안을 전멸시키다.   (7~12)

모세가 군인들을 격려하고 책망하다.   (13~18)

군인들과 전리품들을 깨끗하게 하다.   (19~24)

전리품들을 군인과 회중에 분배하다.   (25~47)

군대 지휘관들이 자원제를 바치다.   (48~54)

본문 적용

하나님께서 명하신 전쟁은 순종하기만 하면 100% 승리하게 해주십니다. 12,000명의 군인들이 한 사람도 죽지 않고 적군을 몰살시켰고 도합 808,000마리의 가축들(양 675,000, 소 72,000, 나귀 61,000)을 끌고 돌아왔다는 것은 놀라운 일일 수밖에 없습니다. 아무튼 그렇게 승리하고 돌아온 이후로는 주로 그 전리품들을 어떻게 속죄해야 하는가에 초점이 맞추어져 있습니다. 애초에 우상숭배로 인한 부정을 제거하기 위한 전쟁이었습니다. 그렇다면 그 전쟁을 마친 후에는 다시 과거처럼 깨끗한 상태로 돌아가야 합니다. 수많은 전리품들을 거두었다고 해서 거기에서 만족해버리고 하나님과의 관계를 지속하는 것이 아니라 자신들의 일상생활에 집중한다면 차라리 염병이 있을 때의 긴장하던 상태가 더 낫습니다. 물론 고통스럽지만 적어도 영적 투쟁은 살아있었습니다. 오늘날에도 무엇인가 성취하고 성공하고 높아지고 많아졌을 때 우리를 더 깨끗하게 할 수 있어야 합니다.

❶ 발람에게 동참한 자들

핵심구절 : "모세가 군대의 지휘관 곧 싸움에서 돌아온 천부장들과 백부장들에게 노하니라 모세가 그들에게 이르되 너희가 여자들을 다 살려두었느냐 보라 이들이 발람의 꾀를 따라 이스라엘 자손을 브올의 사건에서 여호와 앞에 범죄하게 하여 여호와의 회중 가운데에 염병이 일어나게 하였느니라 그러므로 아이들 중에서 남자는 다 죽이고 남자와 동침하여 사내를 아는 여자도 다 죽이고 남자와 동침하지 아니하여 사내를 알지 못하는 여자들은 다 너희를 위하여 살려둘 것이니라"(민 31:14~18)

큰 승리를 거두고 돌아온 군인들이 미디안의 남자들만 죽이고 여자들은 살려서 데리고 온 것에 대해 모세는 크게 화를 냈습니다. 이 여자들은 이스라엘 사람들을 유혹하여 우상에게 절하도록 만든 장본인들이라고 여겨졌기 때문입니다. 그리고 후에 이 여자들로 인하여 이스라엘에 다시 균열이 생길 우려도 있기 때문이었습니다. 언제나 분열은 작은 틈새에서 시작되고 그것이 마귀의 전략입니다. 미디안은 아브라함의 후처 그두라의 소생들입니다(창 25:2). 그러므로 하나님은 그들을 치는 것을 원하지 않으셨습니다. 물론 여기 미디안은 전제 미디안 족속의 일부입니다. 그럼에도 불구하고 하나님은 미디안을 치라고 명하셨습니다. 왜냐하면 그들은 이스라엘의 원수가 되어버렸기 때문입니다. 이스라엘에 내분을 일으켜 망하게 하려고 했다면 그들은 이스라엘의 원수가 틀림없습니다. 모세는 그들을 가리켜 '여호와의 원수'라고 말했습니다(3). 그렇습니다. 그들을 진멸하라고 하신 것은 여호와의 원수이기 때문입니다.

그런데 우리가 알고 있는 말씀과 좀 차이가 납니다. 예수님도 원수를 사랑하라고 하셨지 원수를 갚으라고 하지 않으셨습니다. 그런데 하나님은 왜 원수를 진멸하라고 하십니까? 우리가 원수라도 사랑하고 용서해주고 도와주어야 하지만 그 대상이 하나님의 원수까지는 아닙니다. 그리고 그 하나님의 원수를 갚는 분은 하나님이십니다. 사람은 누구나 회개하고 돌이킬 가능성이 있습니다. 우리는 그 사람이 누군지 모르지만 하나님은 다 아십니다. 하나님의 원수는 하나님만이 아십니다. 그들은 절대 회개하지 않을 사람들입니다. 오히려 하나님의 일을 훼방하고 걸림돌이 되고 하나님의 자녀들을 넘어지게 하는 자들입니다. 이런 사람들은 하나님께서 원수를 다 갚아 주십니다. 우리의 원수가 아닙니다. 아무튼 이들은 누구입니까? 발람의 계략에 동참한 사람들입니다. 우리는 이런 일에 명확한 선을 그어야 합니다. 조금이라도 우상적인 요소들이 들어있다면 단호하게 물리칠 수 있어야 합니다. 원수는 하나님께서 갚으시지만 반대로 그런 유혹에 넘어가지 않을 의무는 우리에게 있습니다.

"누가 어떻게 하여도 너희가 미혹되지 말라 먼저 배교하는 일이 있고 저 불법의 사람 곧 멸망의 아들이 나타나기 전에는 그 날이 이르지 아니하리니"(살후 2:3)

적용하기 : 당신은 혹시 하나님과의 관계에 부정적일 수 있는 어떤 행위나 일이나 사람과 접촉하거나 연결되어 있는 것이 없습니까? 깊이 생각해보고 하나하나 정리해 나가기 바랍니다.

❷ 필요를 따라

핵심구절 : "그 얻은 물건을 반분하여 그 절반은 전쟁에 나갔던 군인들에게 주고 절반은 회중에게 주고 전쟁에 나갔던 군인들은 사람이나 소나 나귀나 양 떼의 오백분의 일을 여호와께 드릴지니라 곧 이를 그들의 절반에서 가져다가 여호와의 거제로 제사장 엘르아살에게 주고 또 이스라엘 자손이 받은 절반에서는 사람이나 소나 나귀나 양 떼나 각종 짐승 오십분의 일을 가져다가 여호와의 성막을 맡은 레위인에게 주라"(민 31:27~30)

하나님은 하나님의 일에 헌신하고 공을 쌓은 사람을 잊지 않으시고 배려해주십니다. 하지만 성경에 일관되게 하신 말씀은 공평과 정의, 그리고 '필요를 따라'입니다. 사실 이웃사랑은 필요한 사람에게 필요한 만큼, 곧 '충분히' 채워질 때까지입니다. 물론 그렇게까지 되는 것은 쉬운 일이 아닙니다. 필요는 느끼는 정도가 다다른데 어떻게 모든 필요를 채울 수 있겠습니까? 그 필요를 채워주는 사람의 능력에도 한계가 뚜렷합니다. 그런데 하나님께는 한계가 없으십니다. 하나님께서 원하기만 하시면 얼마든지 채워주실 수 있습니다. 다만 하나님은 그 사람의 필요에 대해서 정확하게 아십니다. 사람이 생각하기에는 아직도 멀었지만 하나님께서 보시기에는 충분합니다. 사람이 느끼는 필요에는 욕심이 들어갈 수 있기 때문입니다.

하나님은 전리품들을 군사들 자신과 나머지 백성들에게 절반씩 똑같이 나누라고 하십니다(27). 이 군사들의 가족들도 있으므로 12,000명만 혜택을 보는 것은 아니겠습니다만, 그렇다고 하더라도 모든 백성과 군인들의 숫자는 차이가 큽니다. 그런데 드려야 하는 헌물도 군인들은 500분의 일만 드리고 백성들은 50분의 일을 드리라고 하십니다. 군인들이 드린 것은 제사장에게로 돌아가고 백성들이 드린 것은 레위인들에게 돌아갑니다. 전투에 참여한 군인들에게 더 많은 것을 분배한 것은 당연합니다. 결론적으로 적어도 전쟁에서 얻은 전리품에 대한 분배도 '필요를 따라'라는 원칙 안에서 정해진 것이라고 볼 수 있습니다. 이후로도 이런 원칙이 적용된 사례가 성경에 나와 있습니다(삼상 30:24). 교회는 모든 것을 필요를 따라 나누는 곳이어야 합니다.

> "그 중에 가난한 사람이 없으니 이는 밭과 집 있는 자는 팔아 그 판 것의 값을 가져다가 사도들의 발 앞에 두매 그들이 각 사람의 필요를 따라 나누어 줌이라"(행 4:34~35)

적용하기 : 그리스도인은 많은 것을 독점하는 것에 대해 경각심을 가져야 합니다. 물질, 재능 등 많은 것을 주신 것은 이웃과 나누라고 주신 것입니다. 당신이 많이 가진 것은 무엇입니까?

하나님의 마음 :

전쟁에서 얻은 전리품도 중요하지만 그것을 나누어 공동체를 유지하는 것도 중요합니다. 당신은 전리품에 더 관심이 있습니까, 분배하는 일에 더 관심이 있습니까?

오늘 받은 은혜 :

전체적으로 당신이 받은 은혜와 느낌을 기록해보십시오.

실천을 위한 도전 : (기도하여 성령님의 인도하심을 받으십시오.)

오늘날 전쟁은 영적 싸움과 자주 연결됩니다. 승리도 중요하지만 영성의 유지도 중요합니다. (영적) 전쟁 이후의 상황에서 부족한 것 한 가지를 보충해보십시오.

32
요단 동편의 땅
민수기 32:1~42

본문 개론

미디안의 땅을 점령하고 나니까 이스라엘은 사실상 요단강 동편의 거의 모든 땅을 차지하게 되었습니다. 그런데 그 땅 중에서는 목축하기에 좋은 넓은 땅들이 많았습니다. 갓 지파와 르우벤 지파는 그 땅들이 탐났습니다. 그들은 가나안 정복이라는 대의를 잠시 잊어버렸습니다. 아직 가나안 땅에 들어가 보지도 못했습니다. 그들은 이스라엘 전체와 하나님의 뜻을 생각하기 전에 그들이 보았던 땅에 대한 욕심이 먼저 생겼습니다. 그래도 다행인 것은 반역이나 배반까지 가지 않고 모세와 의논했다는 것입니다. 모세는 펄쩍 뛰었습니다. 가나안에 들어가기도 전에 분열될 것 같았고 그 때문에 이스라엘의 가나안 정복은 실패할 것 같았습니다. 모세의 이야기를 듣고 르우벤과 갓 지파는 가족들과 짐승들은 남기고 자기들은 전쟁이 끝날 때까지 가나안에서 함께 싸우겠다고 했습니다. 그리하여 모세의 허락이 떨어지고 요단 동편의 나머지 지역을 점령하게 되었습니다. 하나님은 사람들의 사정이나 의견을 무조건 묵살하지 않으십니다. 다행히 이들의 건의와 다짐은 성공적으로 마칠 수 있었습니다.

본문 구성

르우벤과 갓이 동쪽 땅을 요청하다.   (1~5)

모세가 과거를 이야기하며 나무라다.   (6~15)

가족을 남기고 싸우러 가겠다고 하다.   (16~19)

모세가 허락하고 다짐을 받다.   (20~32)

요단 동편 땅을 분배하다.   (33~42)

본문 적용

　가나안 땅에서의 하나님의 뜻은 요단 동편 땅에 대한 욕심에 가려 이기주의에 빠지고 말았습니다. 그들은 이스라엘 전체에 큰 악영향을 끼친다는 생각을 하지 못했습니다. 그래도 모세의 질책을 받고 다른 지파들과 똑같이 전쟁을 치를 것을 약속했습니다. 그리하여 요단 동편의 나머지 지역들을 새롭게 점령하고 성곽을 튼튼하게 세웠습니다. 그곳에서 가족들과 짐승들을 안전하게 해놓고 요단강을 건너기 위해서였습니다. 우리가 여기에서 생각할 것은 물론 마무리를 잘 했고 서로가 좋은 대로 했지만 그것이 전체적으로는 하나님의 뜻에 어긋났다는 것입니다. 만약에 요단 동편을 포기하고 열두 지파 모두가 가나안 점령에 함께 나섰다면 다른 양상이 될 수 있었습니다. 결과적이지만 요단 동편은 사사 시대에 아모리 사람들이 위협하기 시작했고 나중에 주변 국가들의 각축장이 되었으며 이 땅은 곤고한 날들을 보냈습니다. 당장 좋은 것이 영원히 좋은 것은 아닙니다. 하나님의 뜻이 보이지 않으면 그대로 순종해야 합니다.

❶ 여호와 앞에서(코람 데오)

핵심구절 : "너희가 다 무장하고 '여호와 앞'에서 요단을 건너가서 여호와께서 그의 원수를 자기 앞에서 쫓아내시고 그 땅이 '여호와 앞'에 복종하게 하시기까지 싸우면 '여호와 앞'에서나 이스라엘 앞에서나 무죄하여 돌아오겠고 이 땅은 '여호와 앞'에서 너희의 소유가 되리라마는 너희가 만일 그같이 아니하면 여호와께 범죄함이니 너희 죄가 반드시 너희를 찾아낼 줄 알라"(민 32:21~23)

르우벤 지파와 갓 지파는 세 번이나 자기들의 약속을 반복합니다. 가나안 땅으로 함께 들어가서 끝까지 싸워 모든 전쟁이 끝날 때까지 요단 동편 자기들에게 주신 성읍으로 돌아오지 않겠다고 맹세를 합니다(17~18, 26~27, 31~32). 이 과정에서 모세는 '여호와 앞에'(Coram Deo)라는 말을 다섯 번이나 사용하였고(20~22), 그들도 여호와 앞에서 싸울 것이라고 맹세를 합니다(27). 이스라엘 백성들에게 있어서 '여호와 앞에'라는 말은 굉장히 중요합니다. 특히 모세가 하나님과 친구처럼 대화할 수 있는 존재라는 사실과 연결시킨다면 우리가 날마다 숨 쉬고 말하고 행동하는 모든 것들이 전부 여호와 앞에서 행하는 것입니다. 이것을 생각하지 못하거나 의식하지 못하면 모든 경우에 오로지 자기들만 보이게 됩니다. 아무리 신앙생활을 열심히 하고 충성하더라도 모든 것을 자기중심으로만 보고 해석하면 그냥 종교 생활하는 것과 조금도 다를 것이 없어지게 됩니다. 백성들이 하나님의 그 놀라운 모든 능력을 직접 체험했음에도 여전히 작은 문제를 만나면 원망하고 불평하고 반역하는 이유가 바로 거기에 있는 것입니다.

모세는 갓 자손과 르우벤 자손들이 요단 동편에 가족들을 남겨두고 다른 형제 지파들과 함께 가나안에서 끝까지 싸울 것이라는 약속을 했을 때 단지 약속하는 현장에서 하나님 앞에 있는 것이 아니라 앞으로 그 약속이 지켜지는 모든 과정과 순간마다 전부 하나님 앞에서 행하는 것이라는 사실을 강조합니다. 하나님 앞에서 모든 통치를 받아들일 때 백성들은 하나님의 크신 은혜를 입지만, 그렇지 못할 때에는 예외 없이 무서운 징계와 심판을 경험했습니다. 오늘날에는 그런 직접적인 징계는 없지만 그렇게 될 때에는 모든 것이 마귀의 뜻대로 진행됨으로써 결국 버림을 받을 수도 있는 것입니다. 우리는 하나님의 전능하신 시야에서 벗어날 수 없으며 우리의 마음속까지도 감찰하시는 하나님을 피할 수는 없습니다. 그리스도인들에게는 우연이란 있을 수 없으며 운명이라는 단어가 작용할 수 없습니다. 모든 것이 하나님의 섭리 가운데에서 분명한 하나님의 목적 안에 놓여있는 것입니다. 이것을 깨닫는다면 여호와 앞에 항상 서 있는 것입니다. 갓과 르우벤과 므낫세 반 지파들도 여호와 앞에서 다 건너가서 싸우겠다고 결단했습니다.

"부당하게 고난을 받아도 하나님을 생각함으로 슬픔을 참으면 이는 아름다우나 죄가 있어 매를 맞고 참으면 무슨 칭찬이 있으리요 그러나 선을 행함으로 고난을 받고 참으면 이는 하나님 앞에 아름다우니라"(벧전 2:19~20)

적용하기 : 당신은 하나님 앞에 설 때가 주로 어떤 때라고 생각합니까? 혹시 교회에서나 말씀을 볼 때에만 그렇게 생각합니까?

❷ 이름을 바꾸라!

핵심구절 : "르우벤 자손은 헤스본과 엘르알레와 기랴다임과 느보와 바알므온들을 건축하고 그 이름을 바꾸었고 또 십마를 건축하고 건축한 성읍들에 새 이름을 주었고 므낫세의 아들 마길의 자손은 가서 길르앗을 쳐서 빼앗고 거기 있는 아모리인을 쫓아내매 모세가 길르앗을 므낫세의 아들 마길에게 주매 그가 거기 거주하였고 므낫세의 아들 야일은 가서 그 촌락들을 빼앗고 하봇야일이라 불렀으며"(민 32:37~41)

앞으로 후손들이 계속해서 이 땅에 머물 것이기 때문에 이름은 굉장히 중요했습니다. 다른 민족들에게도 이름이 굉장히 중요합니다. 대개 그 지경을 정복한 왕과 관련되는 이름을 새롭게 붙일 것입니다. 이스라엘 민족에게 다른 어떤 나라보다도 이것이 중요한 이유는 그 주체가 바로 창조주이신 여호와 하나님이시기 때문입니다. 창조주 하나님을 높이는 일 외에는 전부가 우상숭배입니다. 이전의 이름들은 이 우상과 관계가 없을 수가 없습니다. 그렇기 때문에 새롭게 정복한 성읍들의 이름을 바꾸는 것은 거기에 하나님의 나라를 세우는 것만큼이나 중요한 것입니다. 그렇게 이름을 바꾸는 데에는 또 다른 목적이 있습니다. 그것은 바로 그 이름대로 살라는 것입니다. 우상이나 인간중심적인 사고를 버리고 하나님의 이름에 맞는 인식과 행동으로 살겠다는 의지의 표현인 것입니다. 그것이 신앙의식이요 정체성이라는 말입니다.

우리는 모두가 그리스도인들입니다. 각자의 이름이 다 있고 속해있는 교회의 이름도 전부 다르지만 한 가지 공통적인 이름은 그리스도인입니다. 우리의 이름은 그리스도인입니다. 우리 개인의 이름을 그리스도인으로 고친 것은 아니지만 우리 모두의 이름은 그리스도인입니다. 지금은 그리스도인이라는 이름이 너무 많이 훼손되어 지나치게 비난을 받고 있지만 우리는 원래 그런 사람들이 아닙니다. 우리 자신도 우리의 이름에 걸맞는 것이 무엇인지를 잃어버린 것 같습니다. 그리스도인의 정체성이 무엇인지를 가르치지도 않았고 배우지도 못했습니다. 광야에서의 이스라엘 백성들처럼 당장 코앞에 닥친 것에 이끌려 우왕좌왕하고 있습니다. 우리는 그리스도인의 이름을 되찾아야 합니다. 새롭게 고치는 것이 아닙니다. 그리스도인다운 것이 무엇인지를 다시 배워야 할 것입니다.

"이는 하나님의 공의로운 심판의 표요 너희로 하여금 하나님의 나라에 합당한 자로 여김을 받게 하려 함이니 그 나라를 위하여 너희가 또한 고난을 받느니라"(살후 1:5)

적용하기 : 그리스도인으로서의 이름은 당신에게 얼마나 중요한 개념입니까? 그것은 하나님의 백성으로서의 명예를 지키는 일입니다. 당신은 그리스도인의 이름답게 살려고 얼마나 애를 씁니까?

하나님의 마음 :

하나님은 그것이 최상이 길이 아닐 때에도 허락해주십니다. 그러나 그것은 자기들의 책임에 속합니다. 당신의 신앙적 선택이 실패처럼 될 때가 없었습니까? 언제였습니까?

오늘 받은 은혜 :

전체적으로 당신이 받은 은혜와 느낌을 기록해보십시오.

실천을 위한 도전 : (기도하여 성령님의 인도하심을 받으십시오.)

하나님의 약속을 받았음에도 당장의 성공에 마음을 빼앗긴 적이 있었습니까? 그 원인 중의 한 가지를 선택하여 버리기 바랍니다. 언제나 똑같은 곳에서 넘어지는 법입니다.

본문 개론

준비를 다 마쳤을 때 르우벤과 갓 자손들이 요단 동쪽 땅을 요구한 것으로 자칫 분란의 위기가 될 수 있었지만 그것을 조화롭게 잘 이겨내고 마침내 정말로 모든 준비를 전부 마쳤습니다. 그런데 하나님은 여기에서 광야에서의 이동경로의 기록을 통하여 하나님과의 관계를 다시 최종 점검할 것을 말씀하셨습니다. 지명은 41곳이 기록되었는데, 직선거리로는 일 주일이면 갈 수 있는 거리를 40년이나 걸려서 도착한 가장 큰 원인은 백성들의 원망과 불평과 반역이라는 사실을 다시 상기해야만 했습니다. 그러나 그럼에도 불구하고 사랑과 은혜와 인내로써 백성들을 입히시고 먹이시고 지켜주신 하나님을 찬양해야 하는 것입니다. 그들이 진을 치고 머물렀던 곳마다 아픔과 고통과 사랑과 은혜의 역사가 오롯이 품어져있습니다. 그렇게 모든 하나님의 섭리를 돌아보게 하시고는, 이제 가나안 땅에 들어가서 반드시 지켜야 할 것은 원주민들과 그 우상들을 완전하게 몰아내는 것이라고 말씀하십니다. 사실은 그것이 가장 큰 사명이었습니다. 전쟁은 하나님께서 승리하게 하실 것이기 때문입니다.

본문 구성

40년 동안의 행진을 기록하게 하시다.　　　(1~2)

라암셋에서 시내 광야까지의 여정　　　　(3~15)

시내 광야에서 가데스 바네아까지의 여정　(16~36)

가데스 바네아에서 모압 평지까지의 여정　(37~49)

땅 분배에 대해 제비뽑을 것을 명하시다.　(50~54)

원주민을 완전히 몰아내라고 명하시다.　　(55~56)

본문 적용

우리가 하나님의 은혜를 한순간이라도 잊는다면 우리는 어떻게 될까요? 아마 하나님의 계획 속에서는 한 달이면 될 것을 10년도 더 걸려서 성취될 것입니다. 그 동안에 작은 믿음이라도 끝까지 버리지 않는 사람에게 10년이 걸리는 것이고, 대개는 1년이나 2년쯤 기다리다가 포기하거나 믿음을 떠나버리게 될 것입니다. 하나님은 이것을 다시 되새기라고 그 동안의 기록들을 펼쳐 보이셨습니다. 그리고 다시는 그런 일이 반복되지 않도록 가나안 땅을 점령하는 대로 우상숭배자들인 원주민을 완전히 몰아내거나 진멸하라고 명하셨던 것입니다. 백성들에 대한 하나님의 관심은 오직 거룩함입니다. 다른 종족들로부터 완전히 분리되어 우상과 불신이 없이 전혀 깨끗한 상태가 되기를 원하십니다. 물론 그것은 불가능합니다만, 예수님께서 오심으로써 완전히 성취되었습니다. 그리스도인들은 세상과 분리되는 것이 아니라 그 속에서 우리를 거룩하게 유지해야 합니다.

❶ 하나님을 기억하라.

핵심구절 : "모세가 여호와의 명령대로 그 노정을 따라 그들이 행진한 것을 기록하였으니 그들이 행진한 대로의 노정은 이러하니라 그들이 첫째 달 열다섯째 날에 라암셋을 떠났으니 곧 유월절 다음 날이라 이스라엘 자손이 애굽 모든 사람의 목전에서 큰 권능으로 나왔으니 애굽인은 여호와께서 그들 중에 치신 그 모든 장자를 장사하는 때라 여호와께서 그들의 신들에게도 벌을 주셨더라"
(민 33:2~4)

하나님께서 이스라엘 백성들을 인도하신 여정은 세상의 어떤 영웅이나 임금이 이끌어낸 것이 아니라 오직 여호와 하나님의 전적인 은혜로 그렇게 된 것이었습니다. 지금까지 광야의 여정에서는 세속의 다른 종족들과 분리되어 있었기 때문에 다른 민족과의 관계나 우상숭배와 일정한 거리를 둘 수 있었습니다. 하지만 가나안 땅에 들어가면 모든 족속들이 전부 각각의 우상을 섬기고 있습니다. 이미 백성들은 싯딤에서 미디안에 의해 음행과 우상숭배에 가담함으로써 염병이 일어나 무려 24,000명이나 죽은 일이 있었습니다(25:9). 가나안 땅에 들어가면 온통 우상숭배자들로 둘러싸이는 상황이 되기 때문에 심히 염려가 될 수밖에 없는 것입니다. 그래서 하나님은 백성들에게 과거의 여정을 각인시키시는 것입니다. 이스라엘 백성들은 비록 애굽에서 노예와 같은 삶을 살았지만 애굽을 나올 때에는 그런 모습이 아니었습니다. 그들은 마치 군대의 행진과 같이 대오를 갖추어서 나왔고 애굽의 해방정책이 아니라 하나님의 인도하심을 받은 모세와 아론의 지휘 아래 당당하게 나온 것이었습니다.

3절에 보면 애굽 사람들이 지켜보는 가운데 여호와의 큰 권능으로 나왔습니다. 애굽인들은 이스라엘을 대항할 수도 없었고 말릴 엄두도 내지 못했습니다. 4절에 보면 더구나 그 때 애굽인들은 장자가 죽는 재앙을 당했으므로 자식들을 장사지내던 때였으며, 그것은 여호와 하나님께서 애굽의 신들에게 벌을 주신 것이었습니다. 이것이 이스라엘 백성들이 하나님께로부터 받은 크고도 놀랍고도 엄청난 은혜였던 것입니다. 그런데 하나님의 크신 은혜와 능력을 다 잊어버리고 걸핏하면 죽겠다고 아우성치고 원망함으로써 하나님의 진노를 샀습니다. 비록 이전 세대의 행적이었지만 지금의 백성들에게도 반드시 기억되어야 할 은혜인 것입니다. 우리도 마찬가지입니다. 하나님의 은혜가 희미해지면 뜨거움도 사라지고 열정도 식어버립니다. 우리는 예수 그리스도의 보혈의 은혜로 구원받은 사람들입니다. 우리가 한 것이 아닙니다. 이스라엘 백성들을 애굽에서 이끌어내신 것처럼 우리도 죄악이 넘치는 세상에서 이끌어내신 것입니다. 출애굽할 때 백성들이 당당하고 힘 있게 나온 것처럼 우리도 그렇게 복음을 품고 힘 있게 세상으로 나아가야 합니다. 그리고 구원의 은혜, 복음의 은혜를 결코 잊지 말고 전해야 하는 것입니다.

"내가 전한 복음대로 다윗의 씨로 죽은 자 가운데서 다시 살아나신 예수 그리스도를 기억하라"(딤후 2:8)

적용하기 : 당신이 문제를 만나거나 어려움을 당할 때 마음에 무엇이 먼저 떠오릅니까? 은혜가 기억되면 감사할 것이고 상황만 보이면 감사가 사라질 것입니다.

❷ 남겨두지 말라.

핵심구절 : "너희가 만일 그 땅의 원주민을 너희 앞에서 몰아내지 아니하면 너희가 남겨둔 자들이 너희의 눈에 가시와 너희의 옆구리에 찌르는 것이 되어 너희가 거주하는 땅에서 너희를 괴롭게 할 것이요 나는 그들에게 행하기로 생각한 것을 너희에게 행하리라"(민 33:55~56)

현대의 신앙생활에서 하나님의 이런 명령은 어찌 보면 가장 분별하기 어려운 일 중의 하나가 될 것입니다. 어디까지 금해야 하며 언제까지 지속되어야 하겠습니까? 똑같은 상황에서도 각 사람의 처한 환경이나 입장이 완전히 달라지므로 일률적으로 선을 그어 강제로 금하기가 어렵기 때문입니다. 물론 점을 치지 말라든가 우상을 소유하거나 의지하지 말라는 것과 같은 것들은 오늘날에도 유효합니다만, 예를 들어 우상을 섬기는 타종교인이나 무종교인들과 함께 교제를 나누면서 식사 자리를 함께 한다든가 하는 일들은 단칼에 되고 안 되고를 잘라서 말하기가 어렵다는 말입니다. 예수님도 세리들이나 죄인들과 함께 자리하시고 교제를 나누시고 포도주도 함께 하셨습니다. 바리새인들은 늘 이것을 가지고 예수님을 공격했지만 예수님의 목적은 병든 자를 구원하시기 위한 일이었던 것입니다.

우리 그리스도인들에게도 나름대로의 원칙과 한계선이 있을 것입니다. 그런데 그 원칙이 스스로의 경험이나 생각에 의해서 결정되는 것이 아니라 하나님의 말씀인 성경 안에서 이루어져야 할 것입니다. 광야 백성들에게는 그 원칙이 뚜렷했습니다. 아예 이방인과의 교류 자체를 막음으로써 오직 여호와 하나님만을 섬기도록 하시는 것입니다. 그렇다고 오늘날 그리스도인들에게 이 원칙이 무너진 것은 아닙니다. 우리들에게도 여전히 오직 하나님만이 우리의 생명이 되시는 것은 틀림이 없습니다. 다만 그것이 외적인 형태로 반드시 나타나야 하는 것은 아니라는 말입니다. 당시에는 이방인들은 교제불가의 대상이고 엄격하게 금해야 할 사람들이었지만 오늘날의 이방인은 영혼 구원의 대상자이면서 그리스도인들이 몸과 삶으로 예수님의 마음을 나타내 보여주어야 할 대상이기 때문입니다. 아무튼 우리는 신앙을 침범할 여지는 남겨두지 말아야 합니다. 더 어려워졌지만 우리 속에는 성령님께서 거하십니다.

> "바리새인들이 보고 그의 제자들에게 이르되 어찌하여 너희 선생은 세리와 죄인들과 함께 잡수시느냐 예수께서 들으시고 이르시되 건강한 자에게는 의사가 쓸 데 없고 병든 자에게라야 쓸 데 있느니라"(마 9:11~12)

적용하기 : 술, 담배, 오락 등 당신의 신앙의 경계선은 어디까지입니까? 그것이 성경대로라고 믿고 있습니까? 무엇을 포기하거나 버려야 하겠습니까?

하나님의 마음 :

하나님께서 우상의 요소를 완전히 버리라고 하시는 목적은 이스라엘의 친밀함과 복입니다. 하나님과의 친밀함과 당신의 복에 훼방이 되는 요소는 무엇입니까?

오늘 받은 은혜 :

전체적으로 당신이 받은 은혜와 느낌을 기록해보십시오.

실천을 위한 도전 : (기도하여 성령님의 인도하심을 받으십시오.)

하나님과의 관계에 알게 모르게 걸림돌이 되는 것 한 가지를 발견하여 버리십시오.

34
가나안 땅의 분배
민수기 34:1~29

본문 개론

하나님은 이제 들어갈 가나안 땅이 이스라엘 백성의 것이라고 선포해주십니다. 이미 이스라엘 군대는 사기가 충천해 있었습니다. 호르마를 점령했고 아모리 남왕국의 시혼도 치고 북왕국인 바산 왕 옥도 진멸하였습니다(21장). 중간에 브올의 사건으로 24,000명이나 죽는 큰 아픔을 경험했지만(25장), 새 세대의 인구조사를 거쳐(26장) 여호수아를 후계자로 임명하고(27장) 단 12,000명의 군사로 미디안을 진멸했습니다(31장). 거기에 더하여 가나안 땅의 경계를 정해주시고 거기는 이스라엘의 땅이라고 하심으로써 확신을 가지고 담대하게 진격해 나갈 수 있도록 하셨습니다. 국경으로 정해주신 가나안 땅은 넓은 국토는 아니었습니다. 다만 그 주인이 이스라엘이라고 하신 것입니다. 이스라엘의 인구로 보면 좁은 땅도 아닙니다. 그것은 곧 그 땅이 하나님의 땅이라는 말씀이었습니다. 그리고 제비를 뽑을 지도자를 정해주심으로써 이미 점령한 것처럼 말씀하셨습니다.

252 민수기 적용과 실천

본문 구성

정복할 가나안 땅의 경계를 정하시다.　　　　(1~12)

제비를 뽑아 9.5지파에게 분배하시다.　　　　(13~15)

각 지파의 분배 책임자를 정하시다.　　　　(16~29)

본문 적용

38년 전에 정탐꾼들이 가나안 전체를 탐색하고 돌아온 일이 있었지만, 지금 그 땅에 대해 소상하게 알고 있는 사람은 없습니다. 미지의 땅이고 한편으로는 두려움의 땅이었습니다. 물론 요단 동편에서는 하나님의 능력으로 큰 승리를 거두었지만, 그래서 확신이 생겼지만 여전히 두려움이 남아있는 땅이었습니다. 그것은 후에 여호수아에게 거듭 담대하라고 말씀하신 데에서도 드러납니다. 그러나 그 땅은 지금 원주민의 땅이 아닙니다. 하나님께서 그들의 죄로 인하여 이미 그들에게서 되찾으신 땅이었습니다. 우리의 믿음이 이와 같아야 합니다. 물리적이거나 부동산이나 물질을 차지하는 데 이런 개념을 사용하면 안 됩니다만, 영적 영향력을 이웃들에게 적용하기 위해서는 모든 것이 하나님의 것이라는 확신이 있어야 합니다. 담대해야 합니다. 세상의 박해에서나 마귀의 공격에서나 우리 자신을 이기고 사람들을 사랑하고 용서하기 위해서는 이런 확신을 가져야 합니다. 우리는 믿음을 가지고 복음의 경계선을 확장해야 합니다.

❶ 하나님의 땅

핵심구절 : "너는 이스라엘 자손에게 명령하여 그들에게 이르라 너희가 가나안 땅에 들어가는 때에 그 땅은 너희의 기업이 되리니 곧 가나안 사방 지경이라" (민 34:2)

아브라함에게 약속하신 땅은 '애굽 강에서부터 큰 강 유브라데 까지'였습니다(창 15:18). 그러나 지금 약속하신 경계는 한참 못 미칩니다. 다만 후에 다윗과 솔로몬 시대에는 이것이 그대로 이루어 졌습니다(삼하 8:3). 하나님은 많은 것을 준비하시지만 실제로 주어 지는 것에는 한계가 있습니다. 주셔도 유지할 수가 없습니다. 거듭 되는 원망과 불순종이 영향을 끼쳤을 것입니다. 하나님께서 주실 땅에 대해서 매우 구체적으로 경계를 정해주신 것은 그 땅에 들어 가면 반드시 너희가 승리할 것이라는 믿음을 주신 것임과 동시에 그 땅은 하나님께서 분깃으로 주신 것이라는 사실도 확인하게 하 시기 위함이었습니다. 혹시 그 땅을 차지해놓고 그것이 자기들의 공로라고 생각함으로써 하나님 앞에서 교만하여 세상에서의 삶에 묻혀버릴 것을 경계하신 것이었습니다. 그 말은 여호와 하나님을 떠나 우상들의 세계로 빨려 들어갈 것을 염려하시는 말씀이기도 했습니다. 하나님으로부터 멀어진다면 필경 그렇게 될 것입니다.

앞서 이야기했지만 이 세상의 모든 것은 하나님의 소유입니다. 가나안 땅이든 애굽 땅이든 모두가 하나님의 땅입니다. 세계 여러 민족들에게 하나님께서 직접 나누어주신 것은 아니지만 그들은 하 나님께서 창조하신 땅과 흙을 잠시 차지하고 있는 것일 뿐입니다. 어떤 사람이 넓은 땅을 가지고 있어도 죽으면 그 모든 소유가 사라 져버립니다. 그러나 하나님의 소유로서는 영원토록 남아있게 됩니다. 이런 사실을 알고 있고 인정하는 사람들은 그리스도인들 밖에는 없습니다. 가나안 땅은 하나님께서 이스라엘이 살 수 있도록 주신 선물입니다. 물론 전투를 벌이고 목숨을 걸고 싸워야 하는 것은 맞지만 그 주권은 하나님께 있다는 말입니다. 우리의 모든 것이 이와 같습니다. 이스라엘은 영적 싸움이 아니면서도 영적 싸움을 싸우는 사람들이었습니다. 우리도 마찬가지입니다. 우리는 제대로 살기 위해서 기도합니다. 그렇다고 돈이나 집이나 그 자체가 목적인 경우는 없습니다. 살기 위해서 또는 필요한 것을 얻기 위해서만 이 세상을 살아간다면 세상과 조금도 다를 것이 없으며 오히려 세상에 속한 사람인 것입니다.

이스라엘에게 가나안 땅을 주시는 것은 그들을 통하여 하나님의 뜻을 펼치기 위해서입니다. 이스라엘을 통하여 하나님의 인간 구원 계획을 펼치시는 것이 하나님의 목적이었습니다. 물론 그것은 그리스도의 오심으로 성취되었습니다. 하나님께서 우리에게 선물을 주시고 복을 주신다는 데에 초점이 맞추어지면 그냥 광야 백성에 머물러 있게 될 것입니다. 오늘날 하나님께서 우리에게 나누어주신 분복은 모든 하나님의 땅 곧 온 세상 구원을 위하여 사용되어야 합니다.

"무릇 하나님께로부터 난 자마다 세상을 이기느니라 세상을 이기는 승리는 이것이니 우리의 믿음이니라 예수께서 하나님의 아들이심을 믿는 자가 아니면 세상을 이기는 자가 누구냐"(요일 5:4~5)

적용하기 : 당신은 모든 것이 하나님의 선물임을 믿고 있습니까? 그 하나님의 땅(영적 영향력)에 대해서 당신은 주변에 어떤 영향력을 끼치고 있습니까?

❷ 여호수아와 갈렙

핵심구절 : "너희에게 땅을 기업으로 나눌 자의 이름은 이러하니 제사장 엘르아살과 눈의 아들 여호수아니라 너희는 또 기업의 땅을 나누기 위하여 각 지파에 한 지휘관씩 택하라 그 사람들의 이름은 이러하니 유다 지파에서는 여분네의 아들 갈렙이요"(민 34:17~19)

갈렙은 원래 이스라엘인이 아니었습니다. 그나스 사람인데(32:12), 출애굽할 때 함께 나온 잡족들 가운데 한 사람이었습니다. 그런데 갈렙은 유대교로 개종해서 귀화한 사람으로서 유다 지파의 우두머리로 우뚝 설 정도로 믿음이 출중한 사람이었습니다. 여기 명단에 속한 사람들은 전부 출애굽할 때 20세 미만이었던 사람들입니다. 갈렙은 바란 광야에서 가나안을 정탐할 때 유다 지파의 리더로 뽑혔는데 그 때 나이가 40세였습니다(수 14:7). 최소한 그들보다 20살은 위였다는 말입니다. 지금은 갈렙이 79세입니다. 갈렙이 이렇게 세대를 초월하여 광야에서 죽은 사람들 가운데 예외적으로 살아있을 뿐만 아니라 유다 지파의 지휘관으로 활동하게 된 것은 어떤 힘이었을까요? 모세가 갈렙에게 맹세하기를 "네가 내 하나님 여호와께 충성하였은즉 네 발로 밟는 땅은 영원히 너와 네 자손의 기업이 되리라"(수 14:9)고 하였습니다. 그야말로 믿음과 충성입니다.

또 여호수아는 어떻습니까? 그는 항상 모세와 함께 했던 사람이었습니다. 심지어 시내산에서 모세가 십계명을 받을 때에도 산 중턱에서 대기하고 있었습니다(출 24:13). 모세에 대하여 여호수아처럼 모든 것을 잘 알고 있는 사람도 없을 것입니다. 그가 모세의 뒤를 이어 지도자가 된 것에 대해서 하나님은 '그 안에 영이 머무는 자'라고 하셨습니다(27:18). 하나님의 영이 머문다는 것은 하나님의 뜻을 알고 그 뜻에 충성한다는 말과 같습니다. 이것은 무조건적인 충성과는 다릅니다. 하나님의 전체적인 그림을 이해한다는 말이기 때문입니다. 그는 모세를 통하여 하나님의 뜻을 이해하고 있었습니다. 이 두 사람의 가장 큰 공통점은 20세 이상 된 자로서 광야에서 죽지 않았다는 점과 끝까지 충성한다는 점일 것입니다. 재미있는 것은 민수기에서 여호수아와 갈렙의 이름이 함께 나오는 것이 다섯 번인데 그 중 세 번이 갈렙의 이름이 먼저 나왔다는 것입니다. 믿음이란 무엇일까요? 보통은 무엇을 얻거나 큰 결과를 나타낸 것을 말할 때가 많지만 사실 믿음은 하나님의 뜻을 이해하는 데에서 출발해야 하며 그렇지 못하면 끝까지 충성할 수가 없는 것입니다.

"그리스도는 하나님의 집을 맡은 아들로서 그와 같이 하셨으니 우리가 소망의 확신과 자랑을 끝까지 굳게 잡고 있으면 우리는 그의 집이라"(히 3:6)

적용하기 : 당신을 향한 하나님의 뜻, 나라를 향한 하나님의 뜻을 얼마나 이해하고 있습니까? 성경으로만 비추어볼 때입니다.

하나님의 마음 :

하나님은 가나안 땅을 분깃으로 주시면서 순조롭고 질서 있게 소유하기를 원하십니다. 당신은 삶 속에서 그 하나님의 뜻을 어떻게 펼쳐가고 있습니까?

오늘 받은 은혜 :

전체적으로 당신이 받은 은혜와 느낌을 기록해보십시오.

실천을 위한 도전 : (기도하여 성령님의 인도하심을 받으십시오.)

여호수아와 갈렙의 지도자로서의 특성 중에서 당신에게 부족한 것은 무엇입니까? 그것을 깨닫기 위해 기도하고 그것을 보완해나가기 바랍니다.

레위의 성읍과 도피성 제도

민수기 35:1~34

본문 개론

이제 마지막으로 레위인들에게 할당되는 성읍에 관한 명령과 레위인의 성읍들 중에서 도피성으로 여섯 곳을 지정하라는 명령이 이어집니다. 사실상 레위인들의 성읍분배는 가장 핵심적이며 마침표가 되는 부분입니다. 그리고 그것은 하나님을 섬기는 제사 일에만 집중하라는 하나님의 뜻이었습니다. 레위는 자신들의 누이가 겁탈당한 데 대한 보복으로 세겜 성 사람들을 학살함으로써(창 34:25~29) 후에 야곱의 축복 속에서 나누어지고 흩어지리라고 예언을 받은 사람이었습니다(창 49:7). 그리하여 다른 지파와는 달리 레위 자손만 48개 성읍에 나뉘어서 살게 된 것입니다. 다만 하나님의 전적인 은혜로 하나님을 섬기는 일에 전문적으로 쓰임 받게 되었습니다. 아울러 레위인이 거주하는 6개 성읍을 도피성으로 지정하여 부지중에 실수로 살인한 사람이 정식 재판을 받기 전까지 숨어있을 곳을 마련하게 하심으로써 율법 속에 고스란히 들어있는 형제(이웃)사랑을 실체화하셨습니다.

레위인들에게 주신 48 성읍   (1~8)

도피성을 요단 동서에 3개씩 설치하라.   (9~15)

살인자는 반드시 죽이라.   (16~21)

부지중에 살인한 자는 도피성으로 가라.   (22~29)

여호와의 땅을 더럽히지 말라고 하시다.   (30~34)

본문 적용

생활전체로 볼 때에는 제사는 극히 일부일 수 있습니다. 그러나 그 제사로 말미암아 이스라엘이 이스라엘다워지고 하나님의 백성으로서 구별된 삶을 살 수 있게 하는 것이기 때문에 가장 중요한 핵심이요 본질이요 생명인 것입니다. 하나님께서 모든 조직과 율법의 세부사항을 다 일러주시고 마지막에 하신 일이 바로 레위인들에게 살 곳을 주라고 말씀하신 까닭인 것입니다. 또한 그 연장선상에서 도피성읍을 정해주심으로써 실수로 사람을 죽인 사람을 보호하신 것은 또한 가나안 정복에 앞서서 행하신 가장 중요한 일이라고 할 수 있습니다. 왜냐하면 하나님의 은혜 안에서 결국 가나안을 점령하고 그곳을 하나님의 나라로 만들 사람들은 형제와 이웃들이기 때문입니다. 하나님의 법은 공의이지만 동시에 사랑이라는 것을 우리는 알아야 합니다. 공의 없는 사랑은 공허하지만 사랑 없는 공의도 껍데기가 될 뿐입니다.

❶ 흩어져서 사명을 감당하라.

핵심구절 : "이스라엘 자손에게 명령하여 그들이 받은 기업에서 레위인에게 거주할 성읍들을 주게 하고 너희는 또 그 성읍들을 두르고 있는 초장을 레위인에게 주어서 성읍은 그들의 거처가 되게 하고 초장은 그들의 재산인 가축과 짐승들을 둘 곳이 되게 할 것이라"(민 35:2~3)

레위인들을 성소가 있는 예루살렘 한 곳에서 살게 해야 할 것 같지만 하나님의 명령은 가나안 땅 모든 지방에 골고루 흩어지라는 것이었습니다. 레위인들에게 할당된 성읍들은 시므온과 유다 연합지파에서 아홉, 납달리 지파에서 셋, 나머지 지파에서 각각 넷이었습니다(수 21장). 거기에다가 그 성읍에 딸린 들판도 함께 주라고 하셨는데 그 크기는 성읍을 중심으로 대략 가로 세로 1km 정도였습니다. 하지만 이런 토지분할은 완전히 레위인의 소유로 하는 것은 아니었습니다. 그들의 삶을 보장한다는 취지이고, 그들에게는 다른 분깃은 없었으나 여호와 하나님이 그들의 분깃이었습니다. 오늘날 우리 그리스도인들과 동일합니다. 그리스도인들은 이미 예수 그리스도께서 모든 짐을 다 져 주셨습니다. 우리의 생명과 영원한 삶까지 전부 예수님께서 떠맡아주신 것입니다. 물론 그 짐은 우리의 죄의 짐이었고 그것이 가장 큰 핵심이었지만, 그러나 더 나아가 그 짐을 맡으셨다는 뜻은 우리의 전체 삶을 맡으셨다는 의미입니다. 예수님이 우리의 생명의 주관자라는 말입니다. 이 세상 사람들이 그 어떤 노력을 다해도 얻을 수 없는 분깃, 그것이 우리에게는 예수님입니다. 예수님을 위해서는 목숨까지라도 버릴 수 있는 이유입니다. 그것이 우리에게 가장 큰 복이 되는 것입니다.

그러면 왜 하나님은 레위인들을 다 흩어놓으시는 것일까요? 레위인들을 위해 성읍을 분배하도록 하셨지만 그 성읍들에는 거기에 속한 지파의 사람들도 함께 사는 것이었습니다. 레위인들의 임무가 비단 성막에서 제사장들을 도와 봉사하는 일뿐만 아니라 공동체의 경건한 삶과 재판관의 임무와 후에는 율법을 해석하고 가르치는 일까지도 감당하게 됩니다. 이스라엘 남자들은 1년에 세 번은 의무적으로 예루살렘에 올라가 절기를 지켜야 했습니다만, 일상생활에서의 신앙적 삶에는 레위인이 개입할 수밖에 없었습니다. 레위인이 있음으로써 백성들은 그들이 하나님의 백성들임을 자각하게 되고 이스라엘 민족 전체가 한 몸이라는 공동체의식을 가질 수 있는 것입니다. 광야시대에 하나님께서 모세를 통하여 직접 통치하실 때에도 백성들은 조금만 어려워지면 원망과 불평으로 일관했습니다. 하물며 열두 지파가 흩어져서 살게 된다면 이런 현상은 더 심각해질 수도 있습니다. 그렇기 때문에 레위인들이 구석구석에서 하나님의 중재자로서의 역할을 하게 하셨던 것입니다. 오늘날 우리도 마찬가지입니다. 교회에만 모여서 영적 생활에 집중하면 마치 레위인 없는 도시처럼 될 것입니다. 복음은 교회에서뿐 아니라 오히려 신앙인들의 생활 구석구석에서 삶으로 펼쳐져야 하는 것입니다.

> "사울은 그가 죽임 당함을 마땅히 여기더라 그 날에 예루살렘에 있는 교회에 큰 박해가 있어 사도 외에는 다 유대와 사마리아 모든 땅으로 흩어지니라"(행 8:1)

적용하기 : 당신은 교회에서 열심히 충성합니까? 그렇다면 당신이 사는 지역과 이웃을 위해서는 어떻게 충성하고 있습니까?

❷ 하나님이 거주하시는 땅

핵심구절 : "너희는 너희가 거주하는 땅 곧 내가 거주하는 땅을 더럽히지 말라 나 여호와는 이스라엘 자손 중에 있음이니라"(민 35:34)

하나님은 도피성 제도를 명하시면서 고의로 살인한 자와 우발적으로 살인을 저지른 자의 경계를 정해주시고 그 처리방법까지 상세하게 알려주십니다. 고의로 살인을 저지른 자는 반드시 그 피로 갚아야 한다고 하십니다. 왜냐하면 죽음이란 피를 흘리는 것인데 그 피는 생명을 뜻하는 것이고 죄의 값이기 때문입니다. 살인자가 속전을 내고 죄를 씻는 길은 아예 없습니다. 만약에 그렇게 된다면 그 땅은 하나님께서 보시기에 더러워진 땅이 되는 것입니다. 더러워졌다면 규례에 따라 정결하게 하는 의식을 치러야만 하나님께서 인정해주십니다. 우리는 여호와 하나님께서 하나님의 백성들과 항상 함께 하신다는 사실을 믿고 있습니다. 그렇기 때문에 우리는 거룩한 백성이고 우리가 거하는 모든 땅은 거룩한 땅이 되는 것입니다. 그래서 하나님은 '내가 거주하는 땅'이라고 하시는 것입니다.

그렇습니다. 우리가 사는 곳은 하나님께서 거주하시는 땅입니다. 우리는 거룩한 백성들입니다. 하나님께서 함께 거주하시기 때문입니다. 내가 다니는 직장이나 사업터는 하나님께서 거주하시는 땅입니다. 나의 가족과 자녀가 있는 가정은 하나님께서 거주하시는 땅입니다. 우리는 흔히 교회에 가면 거룩한 마음을 가지고 하나님을 의식하게 됩니다. 그런데 직장이나 세상 속으로 가면 하나님을 거의 의식하지 못할 때가 많습니다. 이것이 현대 기독교와 교회에서 소홀히 하는 부분이 되고 말았습니다. 세상에 나가면 세상 사람들처럼 경쟁하고 돈을 버는 일이 당연하게 되었습니다. 우리가 가는 곳이 하나님께서 거주하시는 땅이라는 인식이 전혀 없습니다. 그래서는 주님께서 우리를 통하여 세상을 영적 땅으로 허락하실 수가 없습니다. 본문은 물론 피 흘림으로 인하여 더러워지지 말게 하라는 말씀입니다만, 꼭 피 흘림이 아니라도 누누이 말씀하시는 우상숭배 문제도 똑같이 적용됩니다. 우리가 사람을 만날 때는 그곳이 하나님께서 거주하시는 땅이고, 우리가 회사 일을 할 때에는 거기가 하나님께서 거주하시는 땅이라는 사실을 알아야 합니다. 우리는 하나님께서 거주하시는 땅에 있는 사람들입니다.

"내가 너희에게 분부한 모든 것을 가르쳐 지키게 하라 볼지어다 내가 세상 끝날까지 너희와 항상 함께 있으리라 하시니라"(마 28:20)

적용하기 : 당신은 얼마나 자주 하나님의 임재를 느끼면서 살고 있습니까? 혹시 어려움을 만나거나 문제가 있을 때에만 하나님의 임재를 구하고 있는 것은 아닙니까?

하나님의 마음 :

도피성은 꼭 레위인의 성읍에만 설치하게 하셨습니다. 오늘날 도피성은 없지만 무엇이 도피성의 역할을 해 줄 수 있겠습니까? 교회와 그리스도인이 해야 합니다. 어떻게요?

오늘 받은 은혜 :

전체적으로 당신이 받은 은혜와 느낌을 기록해보십시오.

실천을 위한 도전 : (기도하여 성령님의 인도하심을 받으십시오.)

우리는 스스로 도피성이 되어 죄인들의 아픔과 어려움을 품어주어야 합니다. 당신은 무슨 일을 감당할 수 있습니까? 한 가지를 선택하여 섬기는 기회를 잡으십시오.

36
지파를 존속하라.
민수기 36:1~13

본문 개론

가나안 땅의 분배와 관련한 마무리 부분입니다. 이스라엘 영토의 경계를 정해주시고 땅 분배에 대한 규례를 말씀하셨으며 레위인의 성읍을 지정하시고 도피성 제도까지 지시한 후에 슬로브핫이 속한 므낫세 지파의 건의로 여자에게 상속한 경우의 문제를 완전하게 마무리합니다. 아들이 없어 딸이 상속받는 경우에 다른 지파와 결혼하여 유산이 넘어가는 것을 방지하기 위해, 그리고 하나님께로부터 받은 유업이 존속되도록 하기 위해 같은 지파 안에서만 결혼하게 하는 것입니다. 결국 슬로브핫의 다섯 딸들은 사촌들과 결혼함으로써 종족의 이름과 유산이 남게 되었습니다. 이것이 하나님께서 모세를 통하여 백성들에게 명령하신 지엄하신 말씀이었습니다.

본문 구성

므낫세가 여자상속의 문제를 지적하다.　　　(1~4)
모세가 한 지파 안에서 결혼하게 하다.　　　(5~9)
슬로브핫의 딸들이 사촌들과 결혼하다.　　　(10~13)

하나님은 완전하신 분이십니다. 그 말은 문제가 될 여지가 남지 않게 하신다는 말씀과도 같습니다. 우리는 대개 하나님께서 완전한 것을 명령하시고 사람은 그대로 순종하기를 원하신다고 생각하기 쉽습니다. 그러나 하나님은 완전한 분이시지만 그 완전은 인간의 이성과 지혜로 '완전해져가는' 완전입니다. 모세는 모든 것을 하나님께 묻고 진행합니다. 하나님은 모세를 통하여 더 완전해져가는 길을 지시하십니다. 인간은 욕심과 죄로 얼룩져있기 때문에 하나님의 완전함에는 다가갈 수 없습니다. 그러나 인간의 한계 안에서는 가장 완전한 것으로 인도해주십니다. 그리하여 아들이 없이 죽은 사람의 상속이 딸들에게 가게 하는 예외적인 법과, 딸도 없으면 형제에게, 형제도 없으면 아버지의 형제에게, 그것도 없으면 가장 가까운 친족에게 상속하는 법을 지시하신 바가 있습니다 (27:8~11). 그리고 민수기의 마지막 장인 본장에서 상속받은 딸들의 결혼문제를 통하여 조금도 시비가 없도록 하셨습니다. 우리는 최대한 하나님의 관점에서 사태를 분별해야 합니다. 하나님은 분명히 지혜를 주십니다.

❶ 작은 것은 큰 것의 원본이다.

핵심구절 : "그들이 만일 이스라엘 자손의 다른 지파들의 남자들의 아내가 되면 그들의 기업은 우리 조상의 기업에서 떨어져 나가고 그들이 속할 그 지파의 기업에 첨가되리니 그러면 우리가 제비 뽑은 기업에서 떨어져 나갈 것이요 이스라엘 자손의 희년을 당하여 그 기업이 그가 속한 지파에 첨가될 것이라 그런

즉 그들의 기업은 우리 조상 지파의 기업에서 아주 삭감되리이다"(민 36:3~4)

지금 이 문제제기는 누구의 문제에 대한 것입니까? 요셉의 증손이자 므낫세의 손자이자 마길의 아들인 길르앗 종족에 대한 이야기입니다. 그 길르앗 종족 중 그의 손자이며 헤벨의 아들인 슬로브핫이 아들 없이 죽었기 때문에 그의 딸들의 문제가 되었습니다. 그러나 이것은 슬로브핫의 딸들만의 이야기가 아니었습니다. 므낫세 지파 전체의 이야기였고 이스라엘 모든 지파에 관한 이야기였습니다. 왜냐하면 이렇게 확정된 규례는 이스라엘 모든 종족에게 그대로 적용되기 때문입니다. 슬로브핫의 딸들이 다른 지파와 결혼할 때에는 그녀들이 받은 유산은 배우자의 몫이 되는 것이고, 이것은 설령 희년이 되어 원주인에게 돌아간다고 해도 원주인인 그 딸들은 이미 다른 지파에 속해버렸기 때문에 결국 크게 보아서 므낫세 지파의 땅은 영원히 줄어들게 될 것입니다. 그런데 이런 일은 다른 지파에서도 얼마든지 가능합니다. 슬로브핫의 딸들의 문제가 므낫세 지파의 문제이고 결국 이스라엘 전체의 문제입니다. 이런 문제가 세심하게 보완되지 않으면 자칫 공동체는 금이 가고 와해의 단초가 될 수도 있습니다. 마귀는 언제나 틈으로 들어옵니다.
넓은 강물도 멀리 떨어진 깊은 숲속의 작은 도랑에서 시작됩니다. 거대한 나무도 처음에는 작은 씨앗에서 솟은 싹이었습니다. 당시 백성들의 입장에서는 앞으로 도전일 수밖에 없는 가나안 땅이라는 큰 일을 앞두고 정리해야 하는 작은 일들 중의 하나입니다. 아직 가나안 땅으로 직접 들어가지 않았음에도 하나님은 모든 작은 일들을 하나하나 세심하게 정리해주시고 배려하고 계십니다. 우리들의 앞에 놓여있는 사소해 보이는 문제들은 앞으로 하나님께서 허락하실 거대한 일들의 뿌리가 될 것입니다. 사소한 것을 더욱 작게 보는 사람은 결코 큰 것을 받을 수 없습니다. 많아지고 높아지고 유명해지는 것을 말하는 것이 아니라 하나님께서 이루실 위대한 일들을 말하는 것입니다. 하나님의 사람은 작은 일에서 큰 것을 볼 줄 알아야 합니다. 당장의 급한 일에서 먼 미래의 모습을 발견할 수 있어야 합니다. 혼자 있으면서 하나님을 느껴야 합니다. 물론 사람이 볼 수 없을 때에도 먼 미래를 보여주실 것입니다. 아브라함에게 미래를 꾸준히 약속하시고 말씀하시고 보여주셨듯이 말입니다. 사소해 보이는 슬로브핫의 딸들의 문제를 민수기의 마지막 기록으로 마무리하는 것은 그래서 매우 중요한 것입니다. 온 우주를 다스리시는 하나님은 들판의 아주 작은 겨자씨 속에도 계십니다.

"지극히 작은 것에 충성된 자는 큰 것에도 충성되고 지극히 작은 것에 불의한 자는 큰 것에도 불의하니라"(눅 16:10)

적용하기 : 당신은 먼 곳을 바라본다면서 작은 일은 건너뛴 적이 있었습니까? 그 일을 다시 한다면 어떻게 하겠습니까?

❷ 순종으로 마무리하라.

핵심구절 : "슬로브핫의 딸들이 여호와께서 모세에게 명령하신 대로 행하니라 슬로브핫의 딸 말라와 디르사와 호글라와 밀가와 노아가 다 그들의 숙부의 아들들의 아내가 되니라 그들이 요셉의 아들 므낫세 자손의 종족 사람의 아내가

되었으므로 그들의 종족 지파에 그들의 기업이 남아 있었더라"(민 36:10~12)

　순종이란 하나님께서 부여하신 분깃이 다른 곳으로 흘러가지 않고 그 사람에게 온전하게 돌아가게 하는 최소한의 조건입니다. 슬로브핫의 딸들이 사촌들과 결혼하기로 결단함으로써 하나님께서 허락하신 가나안 땅 분배의 세부규정이 만족하게 되었던 것입니다. 므낫세 지파의 슬로브핫에게로 분배되었던 땅이 하나님께서 정해주신 그대로 슬로브핫의 가문에 남도록 하신 것입니다. 이 문제가 공론화된 이후에 아마도 슬로브핫의 딸들에게 청혼이 많이 들어오지 않았나 싶습니다. 왜냐하면 원래 딸들에게는 아무 지분도 없는데 특별히 슬로브핫의 딸들에게는 상속이 주어져 있기 때문입니다. 혼인 상대자로서는 대단한 조건이 아닙니까? 어쩌면 그렇게 된 이후에 이 여인들의 지분이 자기들 지파나 자손에게로 올 것에 대한 기대감도 있지 않았을까 싶습니다. 어찌 되었든지 간에 이제 칼자루는 슬로브핫의 딸들이 잡게 되었습니다. 혹시 이 딸들이 혼인 상대자로 마음에 두고 있던 가문의 신랑감이 있었을지도 모릅니다. 그러나 이 딸들은 하나님의 결정을 받아들이고 사촌들과의 결혼을 결단했습니다. 어느 쪽으로 하든 그 분깃은 그녀들의 것입니다. 그러나 다른 조건을 따지지 않고 그대로 순종하여 같은 결과가 가문 안에서 이루어지도록 했던 것입니다. 이것은 하나님의 뜻과도 일치합니다. 분배해주신 땅에 그대로 존속하는 것이 하나님의 뜻이기 때문입니다.

　우리는 흔히 순종하라고 하면 마치 자기에게 손해가 되거나 억울할 것 같은 느낌을 가지고 있습니다. 그러나 순종이란 하나님께서 복을 주기로 하신 사람들에게 그 복을 그대로 부어주시는 전제 조건입니다. 아무리 큰 것을 주고 싶으셔도 사람이 순종하지 못하면 그 사람의 것이 될 수 없습니다. 어떤 사람은 다소 강압적인 순종의 강요로 인하여 순종이라는 단어 자체에 거부감을 느끼기도 합니다만, 순종은 하나님께 하는 것이지 사람에게 하는 것이 아닙니다. 단지 사람을 통하여 순종을 명하시는 점을 생각해야 하는 것입니다. 순종하지 못하면 복을 받을 수 없습니다. 물질의 복이나 세상의 성공을 말하는 것이 아니라 하나님과의 살아있는 관계를 말하는 것입니다. 하나님과의 친밀한 관계가 살아있으면 하나님께서 주시고자 하는 복을 마음껏 받을 수 있지만 순종하지 못한다면 그런 모든 복을 걷어차 버리게 되는 것입니다. 하나님의 뜻을 완전히 이해하지 못해도 순종하는 것이 사는 길입니다.

"너희를 인도하는 자들에게 순종하고 복종하라 그들은 너희 영혼을 위하여 경성하기를 자신들이 청산할 자인 것 같이 하느니라 그들로 하여금 즐거움으로 이것을 하게 하고 근심으로 하게 하지 말라 그렇지 않으면 너희에게 유익이 없느니라"(히 13:17)

적용하기 : 순종하지 않았다가 주시는 복을 놓친 적이 있었습니까? 당신이 순종하기 어려운 부분들을 점검해 보십시오.

하나님의 마음 :

하나님은 일의 크고 작음을 보시는 것이 아니라 사람의 마음의 태도를 보십니다. 일의 종류에 따라 당신의 태도는 어떻게 달라집니까?

오늘 받은 은혜 :

전체적으로 당신이 받은 은혜와 느낌을 기록해보십시오.

실천을 위한 도전 : (기도하여 성령님의 인도하심을 받으십시오.)

당신은 끝까지 일을 세심하고 완전하게 마무리하고 있습니까? 당신에게 부족한 부분을 찾아보고 우선 한 가지를 고쳐보시기 바랍니다.

도서목록표

제 목	면수	정가	제 목	면수	정가
■ 복음소책자			**■ 하나님과의 관계회복**		
1.당신을향한예수님의사랑	252	12,000원	1.그리스도인의 개혁:출발점	504	22,000원
2.기독교에 대해 궁금해요	276	13,000원	2.그리스도인의 회복:정체성	404	20,000원
3.교회는 왜? 성경은 왜?	256	10,000원	3.그리스도인의성화:두번째만남	376	18,000원
4. 통째로 예수님 읽기	272	10,000원	4.그리스도인의 개혁 워크북	164	8,000원
5. 천국과 지옥 보고서	205	8,000원	5.그리스도인의 회복 워크북	128	6,000원
6. 믿음 이야기	256	10,000원	6.그리스도인의 성화 워크북	136	7,000원
7. 예수님의 행복수업(팔복)	208	9,000원	**■ 이웃과의 관계회복**		
■ 핵심복음제자훈련			1. 보이는 복음, 이웃사랑	504	22,000원
1. 구원의 핵심	104	6,000원	2. 복음의통로, 비움과나눔	486	22,000원
2. 믿음의 핵심	113	6,000원	3. 넘치는복음, 낮춤과섬김	484	22,000원
3. 확신의 핵심	108	6,000원	4. 이웃사랑 워크북	152	8,000원
4. 복음의 핵심	116	6,000원	5. 비움과 나눔 워크북	136	7,000원
5. 소망의 핵심	120	6,000원	6. 낮춤과 섬김 워크북	136	7,000원
6. 말씀의 핵심	108	6,000원	**■ 하나님과의관계 묵상**		
■ 나만의 성경 시리즈			1.당신을깨우는한마디1출발점	254	12,000원
1. 나만의 마태복음	168	6,000원	2.당신을깨우는한마디2정체성	244	12,000원
2. 나만의 마가복음	168	6,000원	3.당신을깨우는한마디 3 성화	240	12,000원
3. 누가복음 새 큐티	240	12,000원	**■ 이웃과의 관계 묵상**		
4. 요한복음 새 큐티	240	12,000원	1.하나님마음에쏙드는이웃사랑	200	11,000원
■ 단행본			2.이웃의문을활짝여는나눔의삶	210	11,000원
만약에(성경 속 들락날락)	208	11,000원	**■ 예수님동행훈련**		
작은 교회에 길을 묻다	408	22,000원	1. 예수님과 노숙하기	184	9,000원
단에서 브엘세바까지	344	17,000원	2. 십자가 지고 골고다로	248	12,000원
천만 번의 발걸음/이성용	348	19,000원	3. 예수님따라 복음서 속으로	186	9,000원
오직 변화를 위하여	276	14,000원	4. 한달월급 아낌없이 나누기	240	12,000원
완전하게 하려 함이라	336	17,000원	내가 세례 요한이다	246	12,000원

도서출판 개혁과회복